메이크코드로 만드는
마인크래프트 테마파크

월드편 · 기초편 · 활용편

기획 및 개발 : 에이럭스 교육연구소
집필 : 에이럭스 교육연구소, 오수진

YoungJin.com Y.
영진닷컴

메이크코드로 만드는
마인크래프트 테마파크
◆ 월드편·기초편·활용편 ◆

이 책은 Minecraft Education Edition 1.21.91 버전을 기준으로 합니다.

Copyright © 2025 by Youngjin.com Inc.

B-10F, Gab-eul Great Valley, 32, Digital-ro 9-gil, Geumcheon-gu, Seoul, Republic of Korea, 08152

All rights reserved. No part of this book may be reproduced or transmitted in any form or by any means, electronic or mechanical, including photocopying, recording or by any information storage retrieval system, without permission from Youngjin.com Inc.

ISBN 978-89-314-8102-0

독자님의 의견을 받습니다

이 책을 구입한 독자님은 영진닷컴의 가장 중요한 비평가이자 조언가입니다. 저희 책의 장점과 문제점이 무엇인지, 어떤 책이 출판되기를 바라는지, 책을 더욱 알차게 꾸밀 수 있는 아이디어가 있으면 팩스나 이메일, 또는 우편으로 연락주시기 바랍니다. 의견을 주실 때에는 책 제목 및 독자님의 성함과 연락처(전화번호나 이메일)를 꼭 남겨 주시기 바랍니다. 독자님의 의견에 대해 바로 답변을 드리고, 또 독자님의 의견을 다음 책에 충분히 반영하도록 늘 노력하겠습니다.

이메일 : support@youngjin.com

주 소 : (우)08152 서울시 금천구 디지털로9길 32 갑을그레이트밸리 B동 1001호

파본이나 잘못된 도서는 구입하신 곳에서 교환해 드립니다.

STAFF

저자 에이럭스 교육연구소, 오수진 | **총괄** 김태경 | **진행** 박소정 | **디자인·편집** 곽은슬
영업 박준용, 임용수, 김도현, 이윤칠 | **마케팅** 이승희, 김근주, 조민영, 김민지, 김진희, 이현아
제작 황장협 | **인쇄** 예림

:머리말:

『메이크코드로 만드는 마인크래프트 테마파크(개정판)』은 마인크래프트를 잘 모르는 학생, 잘 아는 학생 모두에게 코딩으로 마인크래프트를 새로 만날 수 있는 기회가 될 거예요.
이 책은 월드편, 기초편, 활용편 총 3권으로 구성되어 있어요.
순서대로 차근차근 진도를 나가면, 앞부분에서 배운 내용을 바탕으로 뒷부분에서 복합적인 작품을 만들 수 있어요. 마인크래프트 테마파크에서만 만들 수 있는 건축물, 게임, 이벤트 등 21개의 작품이 실려 있으니 여러분 상상 속의 테마파크를 멋지게 완성해보세요.

하나의 개념을 2개 강에 걸쳐 다루어 총 12개의 메이크코드 핵심 개념을 익힐 수 있어요.
홀수 강에서는 핵심 코드의 역할을 이해하고, 설명에 따라 코딩해보면서 작품을 만들어요.
짝수 강에서는 홀수 강에서 다룬 핵심 코드로 작품을 만들기 위한 알고리즘을 정리해서 그에 맞게 코딩하고, 제대로 실행되지 않는 부분을 찾아 수정해요.

이 책의 작품과 코드를 얼마나 똑같이 따라하느냐는 중요한 것이 아니에요. 여러분이 표현하고 싶은 것을 머릿속에서 꺼내 눈앞에 아름답게 펼치는 방법을 연습할 수 있도록 도와주는 친구로 생각해주세요. 단숨에 완성하려고 하지 말고 시행착오를 여러 번 겪어보고 고민하는 시간을 충분히 가지세요. 정해진 모범답안을 찾아내는 것이 아니라 여러분만의 답을 만들어 가는 과정을 경험하는 것에 목적을 두고 이 책과 함께해보세요.

이미 여러분은 이 책과 함께하기로 마음먹었을 테니.
그럼 이제 설레는 마음을 안고 테마파크를 만들러 가볼까요?

에이럭스 코딩 교육연구소

에이럭스 코딩 교육연구소는 '느끼는 코딩 교육' 프로젝트의 일환으로, KBS 2TV에서 방영 중인 학습과 영상 콘텐츠가 연계된 국내 최초 예능 버라이어티 형식의 교육 프로그램 'ㅋㄷㅋㄷ코딩 TV'를 기획하고 제작하였습니다. 유튜브 채널 '코딩 TV'에 '코딩더테이블', '코딩TV LAB', '코딩술사' 등 코딩으로 할 수 있는 재미있고 다양한 프로젝트를 영상 콘텐츠로 제작하고, 크리에이터의 꿈을 가진 학생들이 양띵 크루와 함께 마인크래프트를 즐기면서 에듀크리에이터로 거듭나는 '마크에크'를 시즌1에 이어 시즌2까지 제작하였습니다.

이 책의 소개

마인크래프트는 단순한 게임을 넘어, 어린이들이 상상력을 마음껏 발휘하고 자신만의 세계를 만들어가는 창의적인 학습 도구로 주목받고 있습니다. 특히 마인크래프트 에듀케이션 에디션(Minecraft Education Edition)은 교육 현장에서 널리 활용되는 버전으로, 블록코딩을 통해 코딩의 기본 개념을 쉽게 배울 수 있습니다.

이 책은 마인크래프트 에듀케이션과 메이크코드(MakeCode)를 활용해, 어린이들이 즐겁게 코딩을 배우며 자기만의 건축물이나 게임을 만들 수 있도록 안내합니다. 총 3권으로 나뉘어 단계별 학습이 가능하도록 구성했습니다.

〈월드편〉에서는 마인크래프트 에듀케이션과 메이크코드 사용을 위한 환경을 준비하고, 마인크래프트 조작법과 게임 제작을 위한 기본 개념을 익힙니다. '좌표' 개념을 이해하고 명령어를 이용해 순간이동을 하거나 빌더 블록을 활용하여 승마 체험장을 만드는 등 재미있는 프로젝트를 완성합니다. 또한 원이나 선을 코딩으로 그리는 방법을 배우면서 분수대 같은 실제 건축물을 제작해봅니다.

〈기초편〉에서는 본격적으로 코딩 개념을 하나씩 배워갑니다. 순차, 반복, 변수, 랜덤과 같은 중요한 프로그래밍 원리를 아이들이 자연스럽게 익힐 수 있도록 흥미로운 예제를 제공합니다. 예를 들어 순차적으로 진행되는 이벤트 맵, 숲이나 철로 같은 반복 구조물, 카운트다운 후 폭죽이 터지는 이벤트, 멀리뛰기 경기장, 호박 속에서 황금을 찾는 게임 등을 직접 만들어보면서 코딩의 원리를 이해하게 됩니다.

〈활용편〉에서는 조건문(if, while)과 같은 조금 더 어려운 코딩 개념을 다룹니다. 또한 앞서 배운 원리를 종합하여 게임 맵을 설계하고 구현하는 과정을 경험합니다. 이 과정은 단순히 코드를 배우는 단계를 넘어, 스스로 게임을 제작하고 완성하는 성취감을 줄 것입니다.

🔷 이 책의 실습 환경

이 책은 Minecraft Education Edition 1.21.91 버전을 기준으로 작성되었습니다.

🔷 이 책의 대상 독자

이 책은 단순히 코딩 지식을 주입하는 교재가 아니라, 아이들이 놀이와 창작을 통해 배우는 코딩 학습 경험을 제공합니다. 초등학생 독자뿐만 아니라 학부모와 교사에게도 유익할 것입니다. 학부모는 아이들이 즐겁게 배우는 과정을 확인할 수 있고, 교사는 교육 현장에서 이 책을 활용해 흥미롭고 실질적인 수업을 이끌어갈 수 있습니다.

🔷 독자 여러분께 드리는 말

코딩은 어렵고 복잡한 지식처럼 느껴지기 쉽습니다. 하지만 게임 속에서 직접 건물을 짓거나, 순간이동을 하거나, 친구들과 즐길 수 있는 미니게임을 만들며 배운다면 이야기가 달라집니다. 이 책은 초등학생들이 '코딩은 재미있는 놀이'라는 경험을 쌓을 수 있도록, 직접 만들고 실험하면서 코딩을 배우는 과정에 초점을 맞췄습니다. 단순히 지시된 코드를 따라 치는 것이 아니라, 문제를 해결하고 아이디어를 구현하는 과정 속에서 스스로 생각하고 도전하는 힘을 기르게 될 것입니다.

"내가 직접 만든 마인크래프트 세상에서 코딩을 배운다!"

이 책을 통해 단순한 게임 플레이어를 넘어, 창의적인 개발자이자 작은 세계의 설계자가 되어 보세요!

이 책의 구성

강의 시작
모든 강(Lesson)의 시작은 어떤 개념을 다루고 게임을 만드는 데 필요한 환경과 코드 등을 안내합니다.

따라하기
따라하기 과정을 상세하게 나누었습니다. 이 과정을 순서대로 하나씩 따라가다 보면 쉽게 이해할 수 있습니다.

문제
학습하기 전에 짚고 갈 내용이나 학습을 하면서 생각할 점을 간단한 문제를 풀어보면서 정리합니다.

코딩 순서 정리하기

홀수 강마다 새로운 개념을 하나씩 배우며 코딩을 따라하는데, 코딩을 시작하기 전에 무엇부터 만들어야 할지 순서를 먼저 정리해봅니다.

Note

학습하면서 참고할 사항이나 놓치기 쉬운 내용을 짚어줍니다.

Tip

학습하면서 궁금할 만한 내용이나 함께 알면 도움이 되는 내용이나 설명합니다.

더 나아가기

코딩을 마친 후 개선하면 좋을 사항을 생각해보거나 만든 결과물에서 주목할 점을 짚어줍니다.

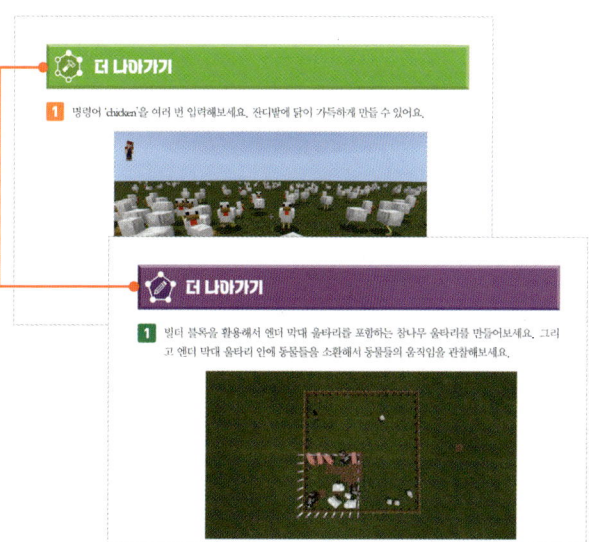

: 목차 :

월드 편

01 M:EE 만나기 — 012
02 메이크코드 만나기 — 032
03 좌표로 보는 마인크래프트 — 046
04 테마파크 안내판 — 058
05 큰 동물 사육장 — 070
06 승마 체험장 — 079
07 명사수의 양궁장 — 092
08 열대어 분수대 — 100

기초 편

09 하트 로드 — 004
10 빽빽한 나무 숲 — 014
11 플라워 레일 — 028
12 비밀의 대나무 숲 — 040
13 잡초 뽑기 — 052
14 카운트다운 폭죽 — 061
15 멀리뛰기 — 070
16 호박 속 황금 — 079

활용 편

17 마크 라이더 — 004
18 살얼음판 걷기 — 013
19 점점 작아지는 문 — 022
20 달팽이 집 — 031
21 슬라임 번지 — 040
22 황금 블록 잡기 — 049
23 아쿠아리움 — 060
24 징검다리 건너기 — 068

실행 영상 및 파일 다운로드

💎 실행 영상

짝수 강에서 메이크코드로 작품을 만들기 위해 관찰해야 하는 영상은 유튜브에서 '코딩 TV' 또는 '메만마테'를 검색해서 확인할 수 있어요.

💎 파일 다운로드

영진닷컴 홈페이지에서 '메이크코드로 만드는 마인크래프트 테마파크 개정판'을 검색하면 정답 및 예시코드 파일, 메이크코드 파일, 완성된 월드 파일을 다운로드할 수 있어요.

준비하기

01강 ▶ M:EE 만나기 + 02강 ▶ 메이크코드 만나기

개념 설명
01 M:EE 만나기

- **핵심 개념** 월드
- **게임 환경** 크리에이티브 모드
- **사용 코드** 없음
- **활동 내용** 마인크래프트 에듀케이션 에디션(M:EE)에 접속해 플레이어를 조종하여 월드를 탐험한다.
- **학습 목표** 원하는 월드를 열고 플레이어를 조종해서 월드를 탐험할 수 있다.

마인크래프트에서 코딩으로 멋진 작품을 만들기 전에 준비해야 할 일들이 있어요.
만약 여러분이 마인크래프트가 처음이라고 해도 어렵지 않게 따라할 수 있어요.
그럼 함께 시작해볼까요?

 ## 마인크래프트 에듀케이션 에디션 설치하기

01 마인크래프트 에듀케이션 에디션(이하 M:EE)은 교육용으로 마인크래프트를 활용할 수 있도록 특화된 버전이에요. 교육용 O365 계정이 있으면 M:EE에 10회까지 무료로 로그인하여 사용할 수 있어요.

02 교육용 MS 오피스 365 계정은 각 지역 교육청의 MS 오피스 365 홈페이지에서 만들 수 있어요. 담임 선생님이나 컴퓨터 담당 선생님께 학교의 기관코드와 교육청의 MS 오피스 365 홈페이지 주소를 문의해요.

예) 서울시교육청 MS오피스365 홈페이지
https://o365.sen.go.kr

03 컴퓨터에 M:EE를 설치하기 전에 Windows 10 또는 Windows 11 운영체제가 맞는지 확인해야 해요. 시작 표시줄의 돋보기 모양 🔍 을 클릭하고 '시스템'을 입력해요. '시스템 정보'가 나타나면 클릭해요.

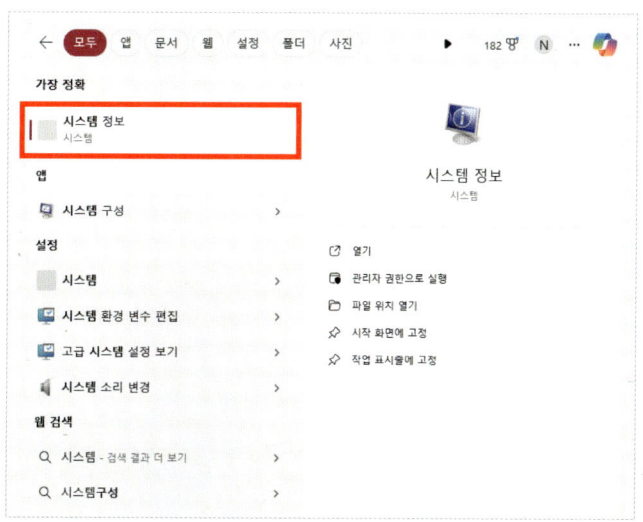

04 첫 번째에 뜨는 OS 이름이 Windows 10 또는 Windows 11인지 확인해요.

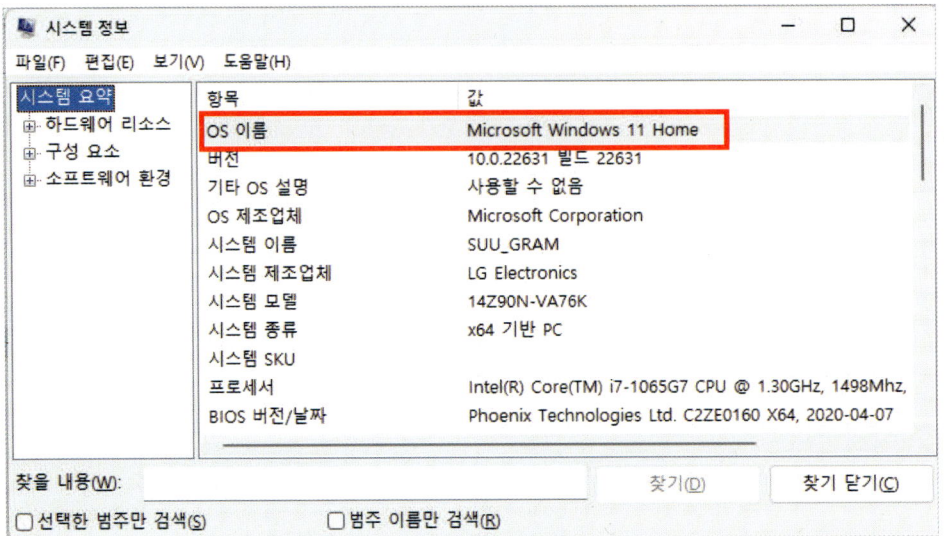

Note M:EE는 Windows 10 또는 Windows 11에서만 실행할 수 있어요. 만약 다른 운영체제가 설치되었다면 Windows 10 또는 Windows 11이 설치된 다른 컴퓨터를 사용하거나 운영체제를 Windows 10 이상으로 설치해야 해요.

본격적으로 M:EE를 설치해요.

01 https://education.minecraft.net/ko-kr에 접속해서 [Minecraft 다운로드]를 선택해요.

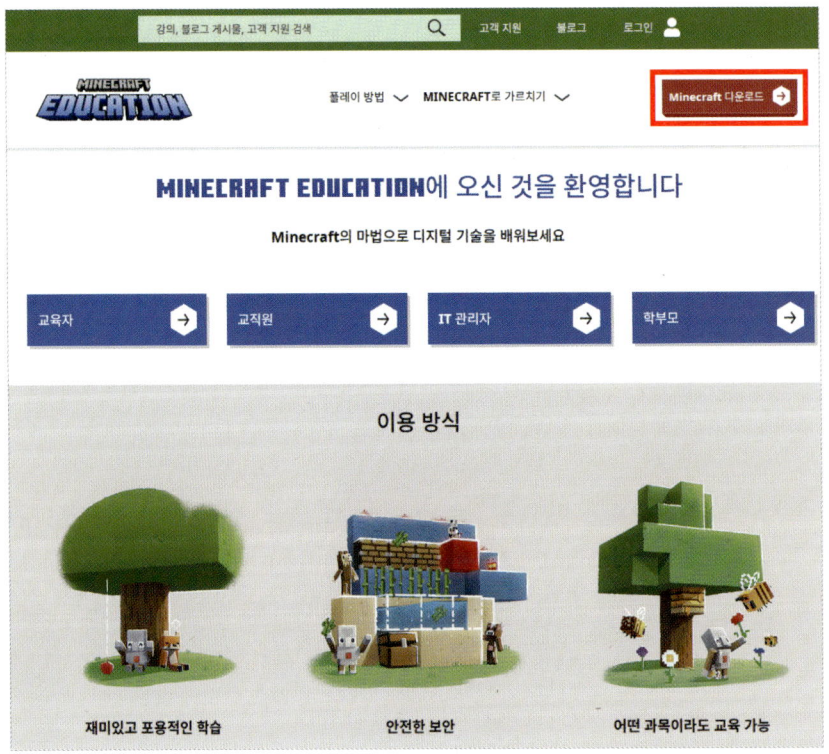

02 컴퓨터 OS에 알맞은 설치파일을 눌러야 해요. [WINDOWS]를 눌러요.

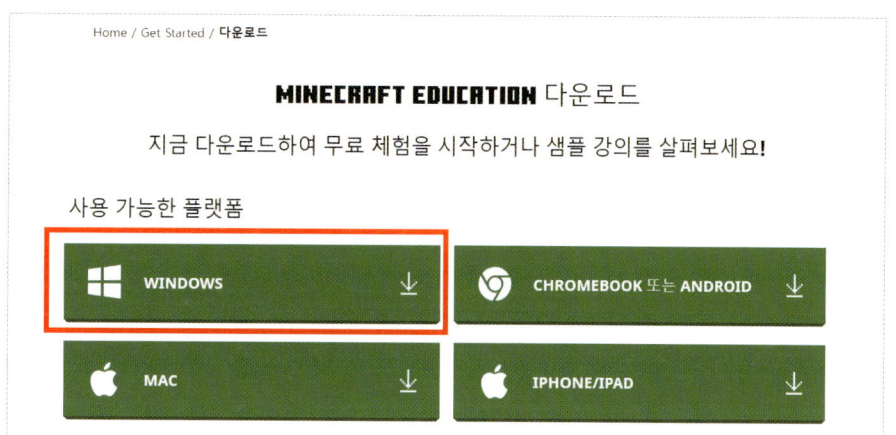

03 [다운로드]를 눌러요.

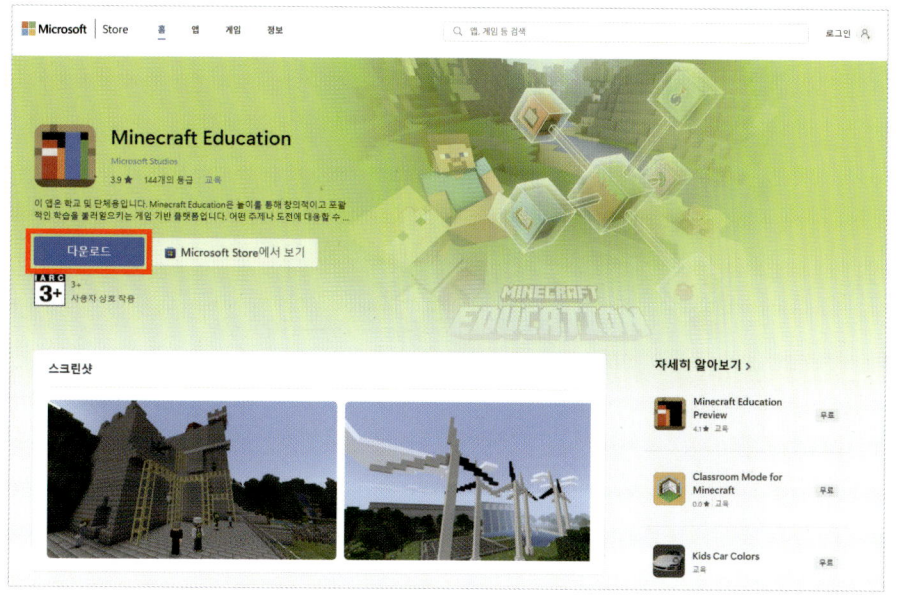

04 저장된 Minecraft Education Installer 파일을 실행해요.

05 다운로드가 될 때까지 기다려요.

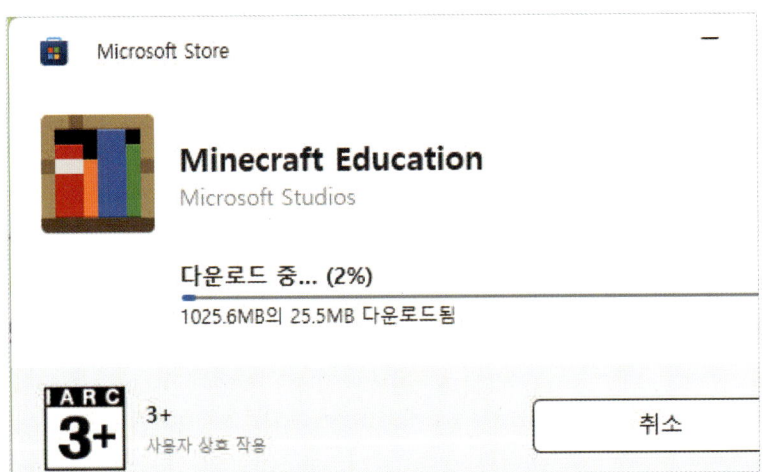

06 설치가 완료되었어요. 이제 여러분의 교육용 오피스 365 계정으로 로그인해보세요.

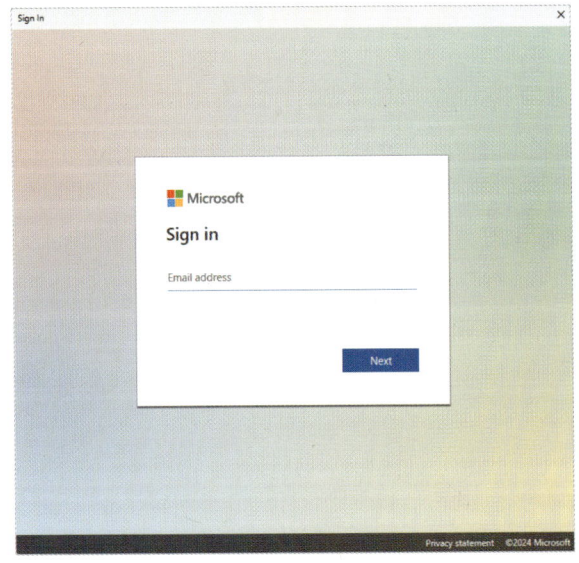

07 비밀 번호를 입력해요.

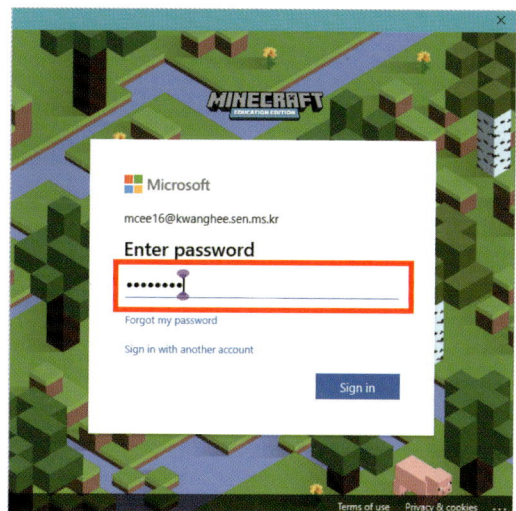

08 체크박스 해제를 하고 나서 [No, this app only]를 선택해요.

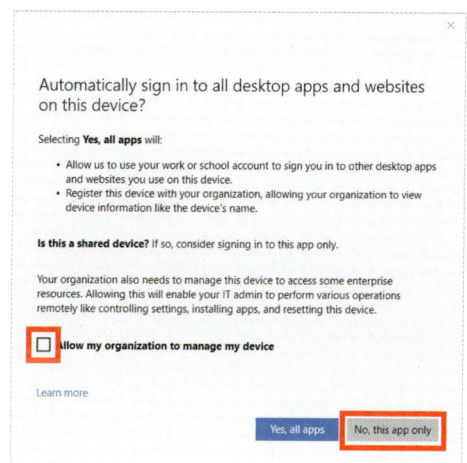

월드 생성하기

01 [플레이] 〉 [내 월드]를 클릭해요.

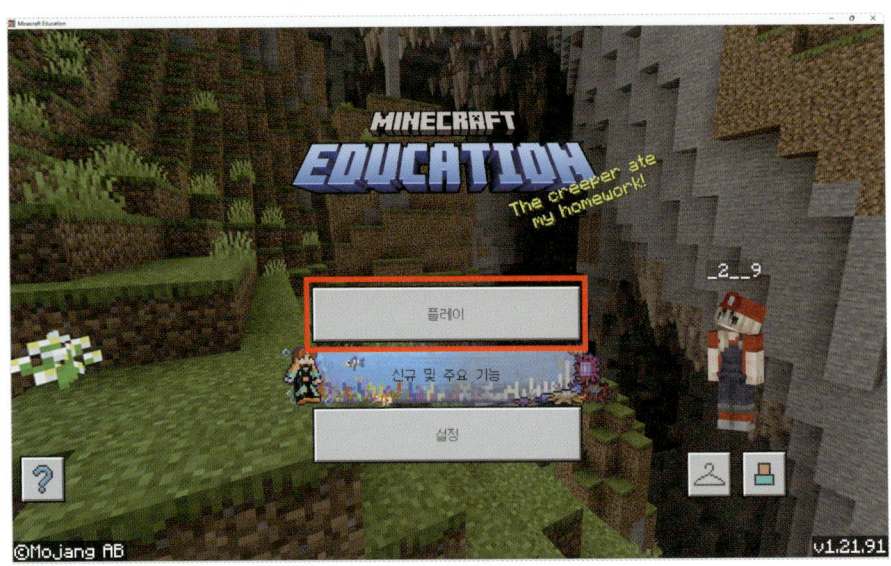

02 [새로운 월드]를 클릭해요.

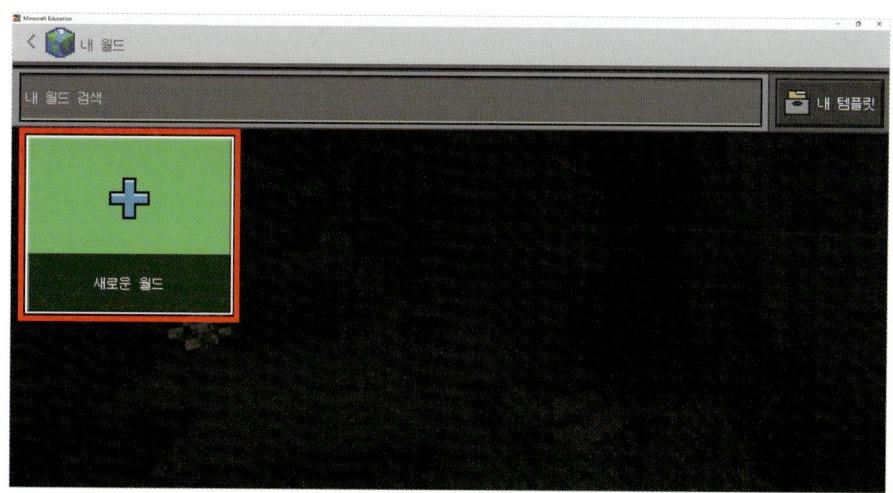

03 여러 가지 설정을 변경할 수 있어요.

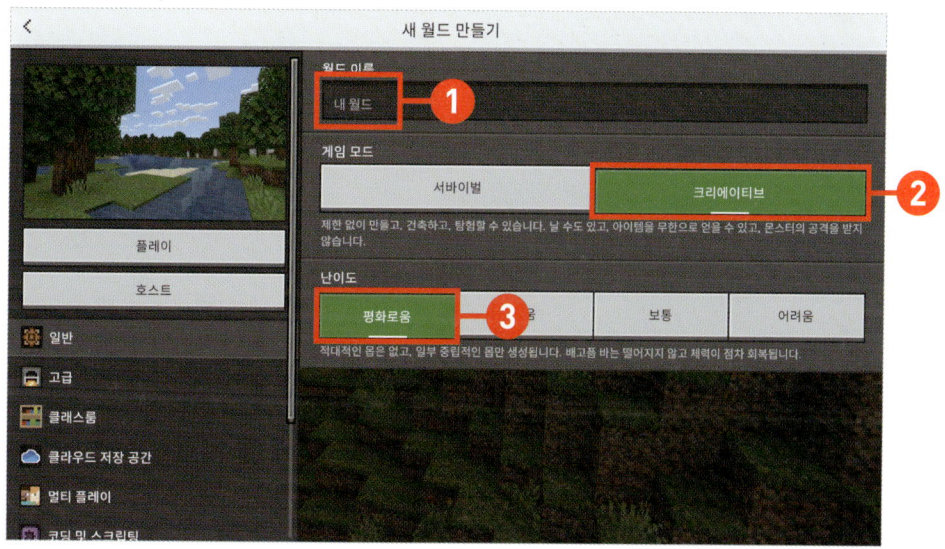

❶ 월드 이름을 마음대로 변경할 수 있어요.
❷ 크리에이티브 모드 : 모든 아이템과 블록을 사용할 수 있어요. 우리는 [크리에이티브] 모드로 진행할 거예요
   서바이벌 모드 : 체력과 허기가 존재하고 야생에서 수집한 아이템만 사용할 수 있어요.
❸ 난이도는 평화로움/쉬움/보통/어려움 중에서 하나를 선택할 수 있어요. 평화로움 난이도에서는 플레이어가 데미지를 입지 않아요. 우리는 [평화로움]으로 진행할 거예요.

04 왼쪽의 [고급] 탭에서 [평면 월드]를 클릭해서 활성화해주세요.

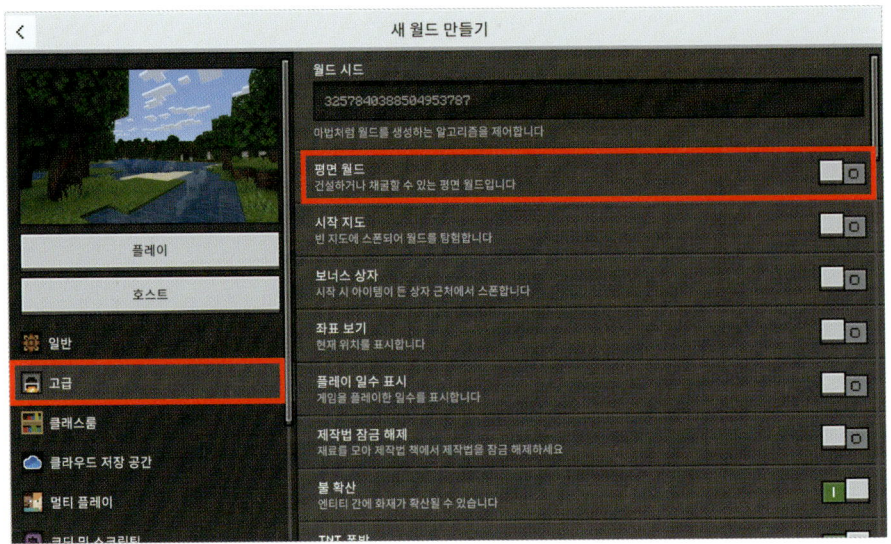

05 [클래식 평면]을 클릭하여 [지상]으로 변경해주세요.

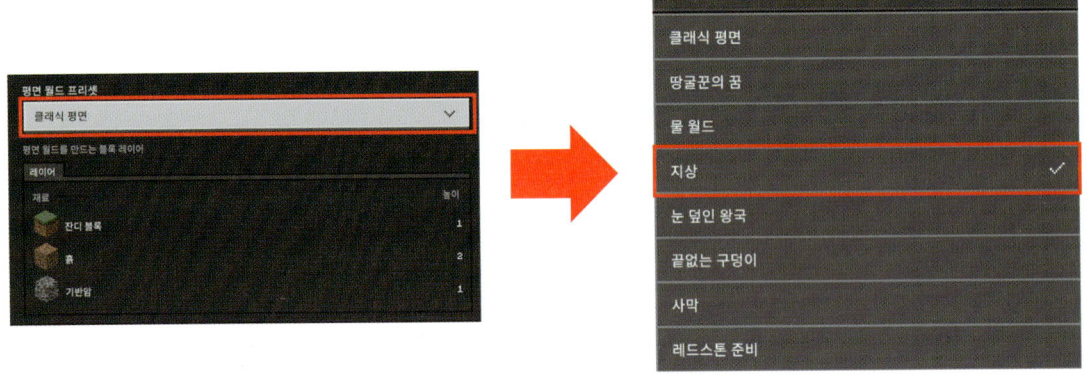

Note [지상]으로 선택하면 잔디 블록 월드와 동일한 환경으로 시작 좌표값이 0,0,0 으로 설정되어요.

06 스크롤을 살짝 내려서 [좌표 보기] 설정을 켠 뒤, 스크롤을 길게 내려서 [시간대 전환]을 [항상 낮]으로 선택해주세요.

07 왼쪽의 [클래스룸]을 선택하고 [완벽한 날씨]를 켜주세요. 이렇게 설정하면 항상 낮이면서 맑은 날씨를 유지할 수 있어요. 모든 설정이 끝났다면 [플레이]를 클릭해요.

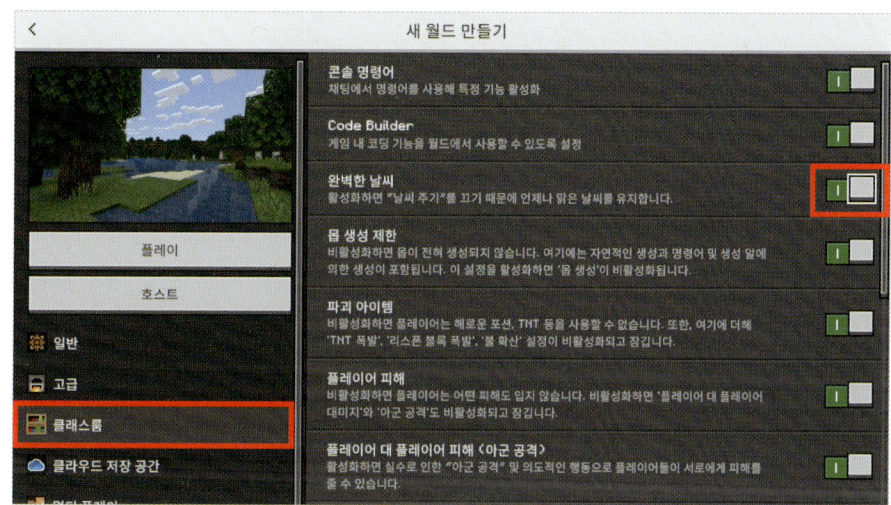

08 월드가 열렸어요.

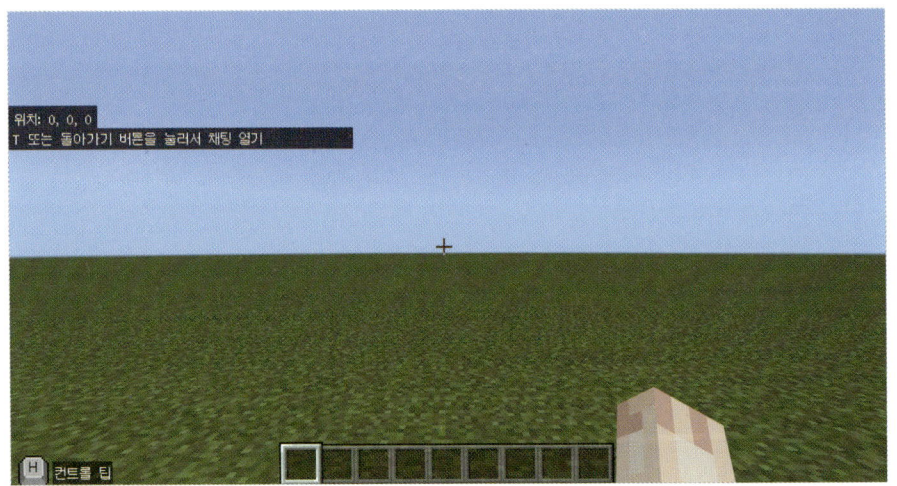

> **Tip** 맵 생성 후 설정 변경하기
>
> Esc > [설정] 으로 들어가면 왼쪽 옵션을 통해 다음 항목을 설정할 수 있어요.
>
> - [일반] 옵션: 게임 모드, 난이도
> - [고급] 옵션: 좌표 보기, 항상 낮
> - [클래스룸] 옵션: 완벽한 날씨
>
> 다만 평면 맵과 무한 맵, 클래식 평면과 지상은 한 번 고르면 어느 쪽으로든 변경할 수 없으니 처음 선택할 때 주의해주세요.

Tip 잔디 블록 템플릿 추가하는 방법

라이브러리에 들어가서 '잔디'를 검색한 뒤 [잔디 블록] 템플릿으로 월드를 만들어요.
템플릿은 한 번만 추가하면 [내 월드] 〉 [내 템플릿]에 저장되어 언제든 쉽게 불러올 수 있어요.

잔디 블록 템플릿으로 월드를 만들면 좋은 점은, 시작점 좌표가 0, 0, 0이라서 이동하거나 월드를 만들 때 좌표를 헷갈릴 걱정이 없다는 거예요. 그리고 땅이 지하 깊은 곳까지 생성되어 있어서 지하 구조물을 만들 때에도 공간이 충분해요.

- 이 책에서는 시작점 좌표 0,0,0인 월드를 기준으로 설명해요. 앞으로는 '지상 월드'와 '잔디 블록 템플릿'을 통틀어서 **잔디 블록 월드**라고 부를 거예요.

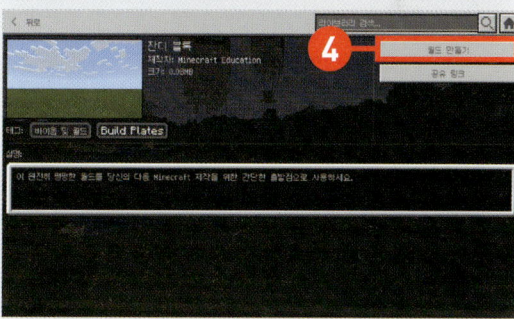

플레이어 조종하기

01 H 키를 누르면 키 설명, 9개의 아이템 슬롯의 번호를 숨기거나 보이게 할 수 있어요.

02 F1 키를 누르면 아이템 슬롯으로 이루어진 핫바, 포인터를 숨기거나 보이게 할 수 있어요.

03 W, S, A, D 키와 마우스를 움직여 플레이어를 원하는 방향으로 걷게 할 수 있어요.

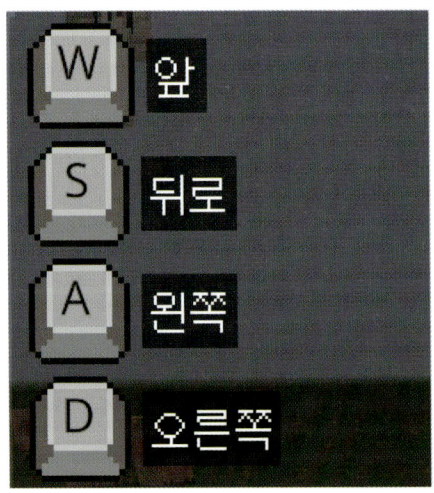

04 ⸺ [Space Bar]키를 한 번 누르면 플레이어가 제자리에서 점프를 하고 [Space Bar]키를 연속으로 두 번 누르면 플레이어가 공중에 떠요.

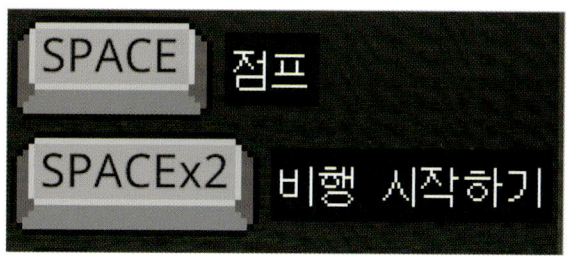

05 ⸺ [Shift]키를 누르면 플레이어가 웅크리고, [Shift]키를 누른 상태에서 [W], [S], [A], [D]키를 누르면 플레이어가 살금살금 걸어요.

06 ⸺ 화면 중앙에 있는 커서를 블록에 두고 마우스 왼쪽 버튼을 클릭하면 블록을 파괴할 수 있어요.

07 ⸺ [E]키를 누르면 소지품 창이 열려요.

08 검색란에 아이템의 이름을 검색해서 찾을 수 있어요.

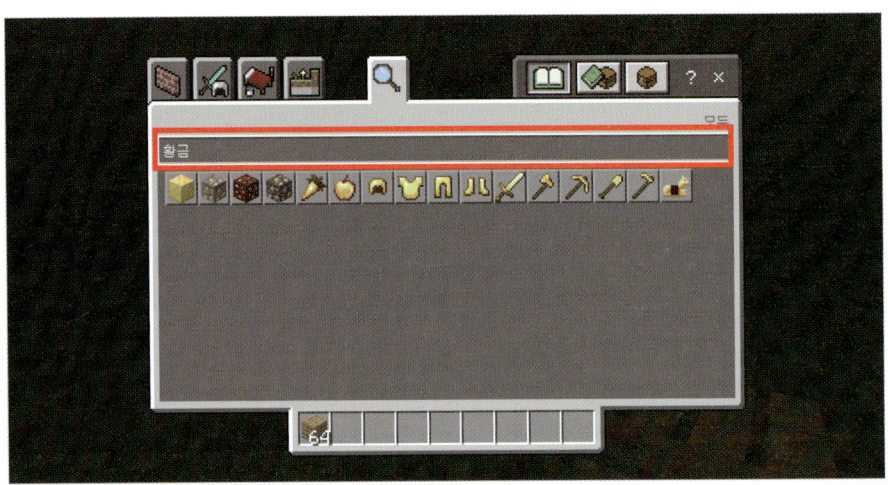

09 ![아이콘]를 누르면 백과사전과 인벤토리를 함께 볼 수 있어요. 원하는 아이템을 클릭해서 인벤토리로 가져와 다시 클릭하면 아이템을 소유하게 돼요. 백과사전에서 황금 블록을 찾아 플레이어의 인벤토리 맨 아래 줄 첫 칸에 넣어주세요.

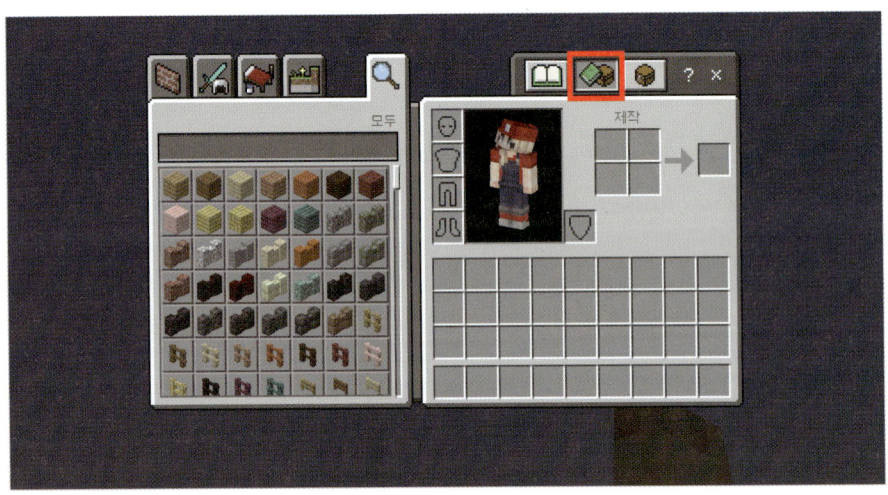

Esc 키를 누르거나 오른쪽 위의 ✕을 눌러 소지품 창을 닫아요.

10 아이템을 소유하고 있으면 블록 놓기, 버리기를 할 수 있어요.

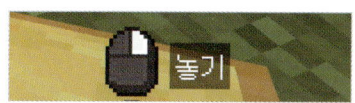 

> **Note** 버리기가 잘 안 된다면, 버리자마자 블록을 습득했기 때문이에요. 블록을 버리기하고 재빨리 뒤로 이동하면 버린 블록을 확인할 수 있어요.

11 F5 키를 누르면 플레이어의 시점을 바꿀 수 있어요.

12 아이템 슬롯에 다양한 블록을 추가해보세요. 그리고 나서 1, 2, 3, 4, 5, 6, 7, 8, 9키를 누르면 핫바에서 해당 숫자의 슬롯에 담긴 아이템을 사용할 수 있어요.

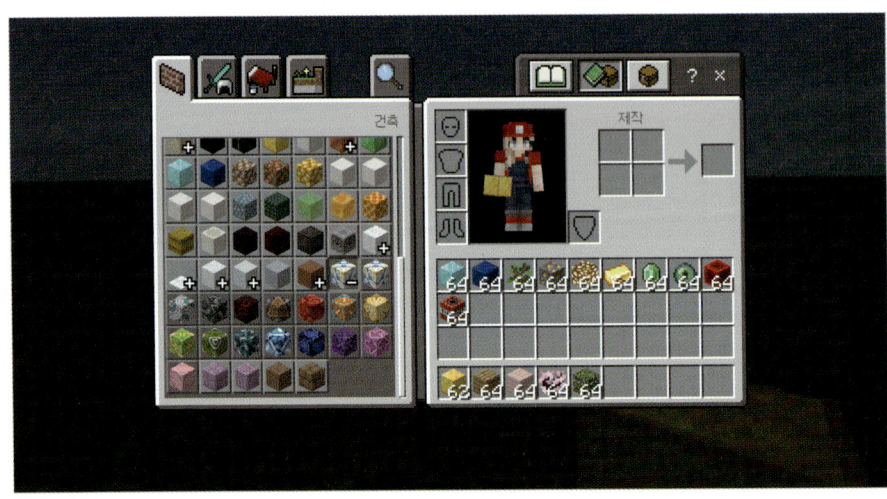

13 채팅창을 여는 키는 두 개예요. [T]키 또는 [Enter]키를 누르면 채팅을 하거나 치트키를 입력할 수 있어요.

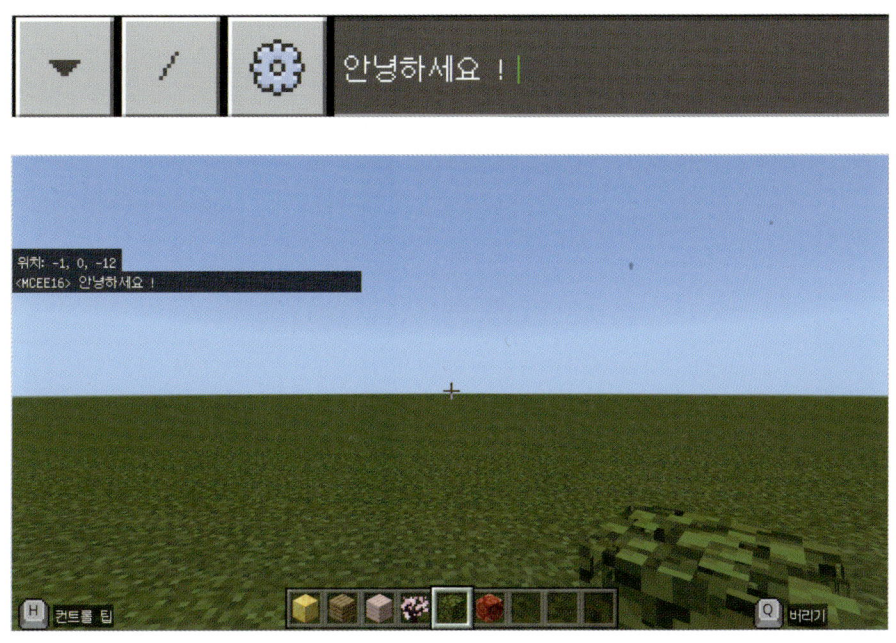

14 채팅창에 '/'을 입력하면 다양한 치트키를 볼 수 있어요. 원하는 치트키를 입력하고 [Enter]키를 누르면 바로 적용돼요.

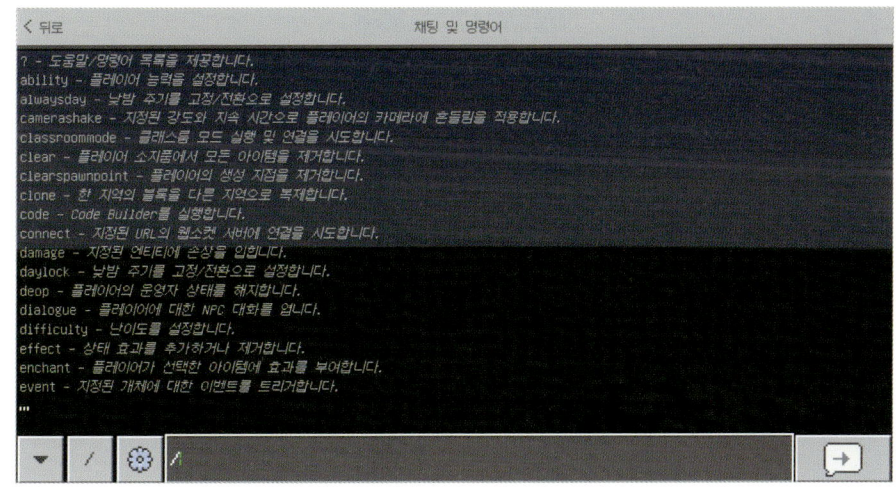

15 대표적인 치트키 몇 가지를 살펴봅시다.

치트키	효과
/alwaysday true	항상 시간이 낮으로 유지돼요.
/gamemode creative	게임 모드를 크리에이티브 모드로 바꿔요. ※ **크리에이티브 모드** : 블록을 원하는 방식으로 건설하고 파괴할 수 있음. 무한하게 블록을 사용할 수 있고 생명력이 존재하지 않음.
/gamemode survival	게임 모드를 서바이벌 모드로 바꿔요. ※ **서바이벌 모드** : 자원을 모으고, 몹과 싸우고, 배고픔을 채우며 땅을 탐험하는 모드. 얻은 아이템을 저장할 수 있는 보관함을 가짐.
/kill @e	모든 엔티티를 죽여요. ※ **엔티티** : 마인크래프트 세계에서 움직이는 모든 물체
/tp 10 10 10 또는 /teleport 10 10 10	입력한 좌표로 플레이어가 순간이동해요.
/weather clear	맑은 날씨로 바뀌어요.

더 나아가기

1 Esc키를 눌러 옷걸이 모양 버튼을 클릭하고 플레이어의 스킨을 원하는 모습으로 변경해보세요.

2 마음에 드는 다른 월드를 열어 탐험해보세요.

 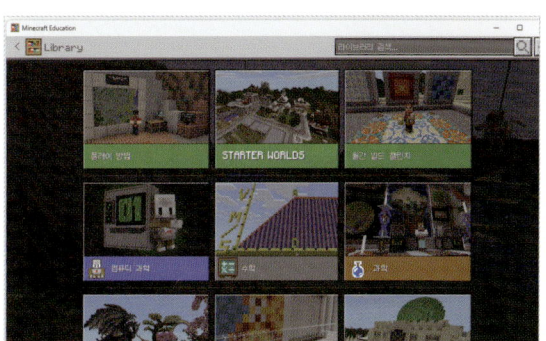

코딩 실습 02
메이크코드 만나기

- **핵심 개념** 메이크코드
- **게임 환경** 크리에이티브 모드
- **사용 코드** 몹 소환, 반복 실행
- **활동 내용** 닭을 소환하는 코드를 작성하고 실행한다.
- **학습 목표** 메이크코드를 열고 알맞은 카테고리에서 코드를 찾아 코딩할 수 있다.

메이크코드는 마인크래프트에서 여러분이 작품이나 게임을
멋지게 만들 수 있게 해 주는 도구예요. 당장은 코드 하나하나의 의미를
알지 못해도 따라하다보면 작품이 완성되어 있을 거예요.
코드를 작성하고 실행하는 방법을 익혀봅시다.

메이크코드 코드 빌더 살펴보기

01 로그인해서 잔디 블록 월드를 열어요. C키를 눌러 코드 빌더(Code Builder)를 연 다음 편집기는 [MakeCode]로 선택해요.

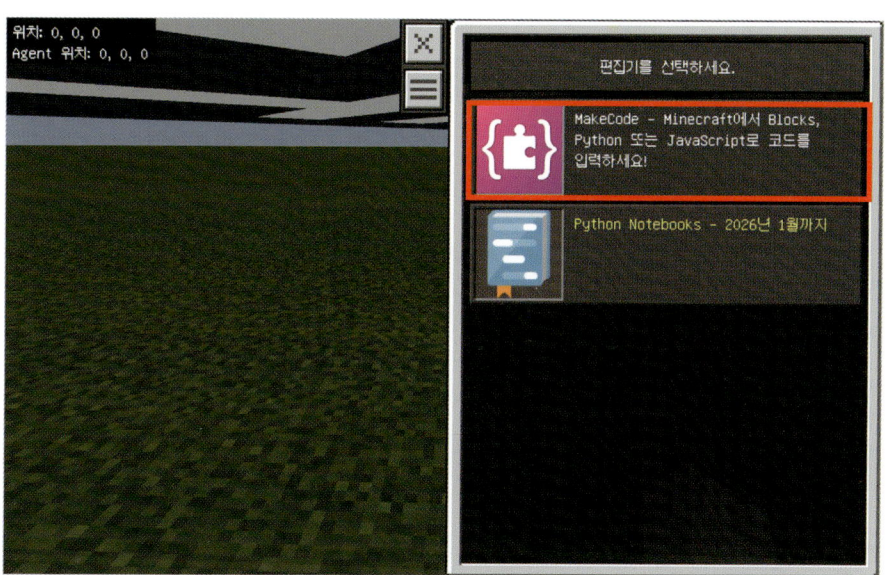

Note 잔디 블록 월드를 여는 방법은 [월드편] 1강 16쪽을 참고해주세요.

02 메이크코드를 열고 [내 프로젝트] > [새 프로젝트]를 클릭해요.

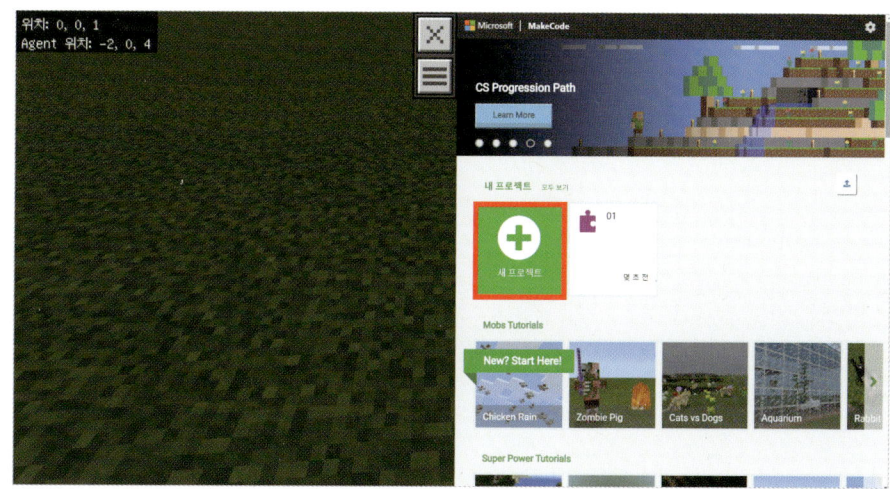

02강 메이크코드 만나기 **033**

03 새 프로젝트의 이름을 지어주세요. 이름 입력이 끝났다면 [생성]을 클릭해요.

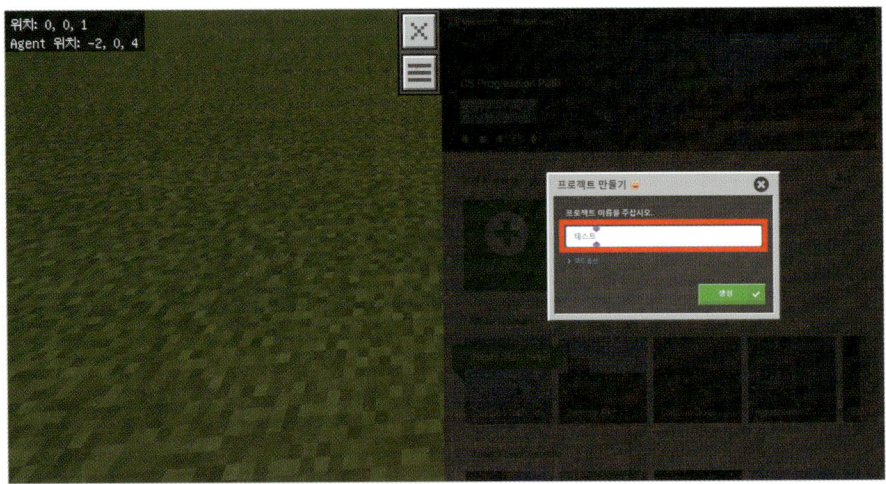

04 코드 빌더는 아래와 같이 구성되어 있어요.

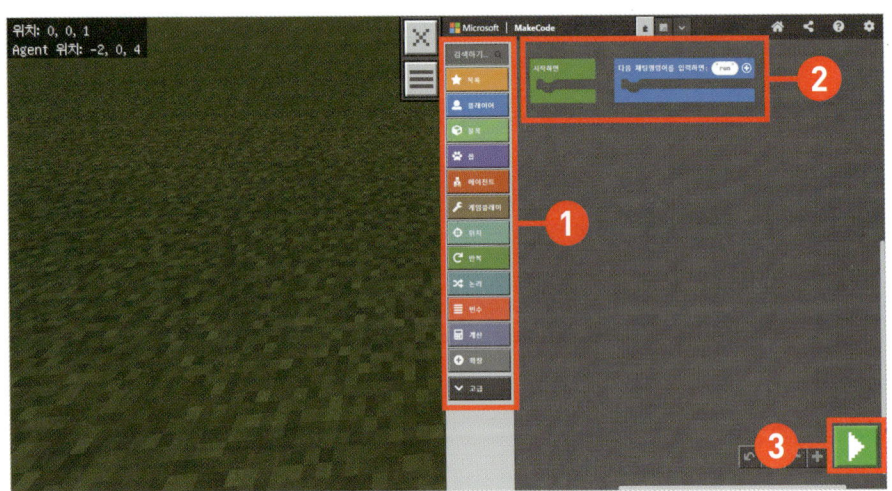

❶ 가운데에 알록달록한 버튼은 명령블록을 쓰임새별로 묶어 둔 **카테고리**예요.
❷ 어두운 배경 부분은 카테고리에서 명령블록을 가져와 조합하는 작업 공간이에요.
❸ 코드를 작성한 후에는 ▶을 눌러 코드를 실행시켜요.

> **Note** 코드를 작성하는 것을 '코딩'이라고 표현해요. 코딩은 컴퓨터에게 '무엇을 어떻게 해야 하는지' 알려주는 일이에요. 예를 들어 내가 게임 속 캐릭터에게 '점프해!', '앞으로 가!' 하고 지시하는 것처럼요. 우리가 사용할 코드 빌더(코드 작성기)인 메이크코드는 명령블록을 연결해서 쉽게 코딩할 수 있어요.

05 카테고리를 하나하나 눌러 보면서 어떤 코드들이 있는지 살펴보세요.

06 오른쪽 위의 ✕ 나 Esc 키를 눌러 코드 빌더를 나가면 처음엔 못 봤던 로봇 같은 친구가 나타나 있어요. 이 친구의 이름은 **에이전트**예요. 여러분이 월드에 들어와서 C 키를 처음 눌렀을 때 생겨나요. 에이전트와는 9강에서 본격적으로 함께 할 거예요.

07 C키를 눌러 코드 빌더를 다시 열고, MakeCode 또는 🏠 버튼을 누르면 메이크코드 화면으로 돌아가요. 이제 본격적으로 명령블록을 조합해서 코드를 작성해볼게요.

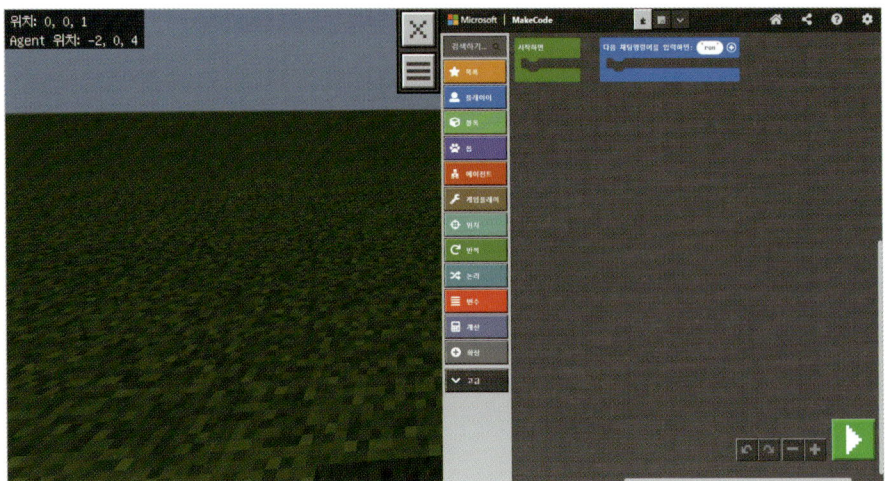

 메이크코드 작성하기

01 코드 빌더에서 스크롤을 살짝 내려 [따라해보기] > [Chicken Rain]을 선택하고 [블록 – 따라해보기 시작]을 선택해요.

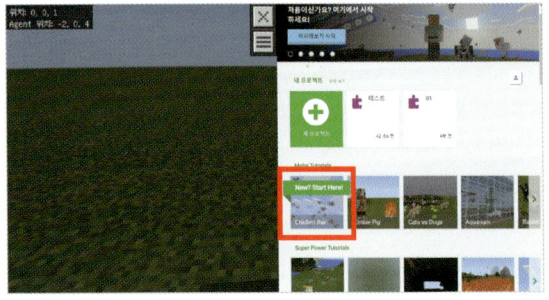 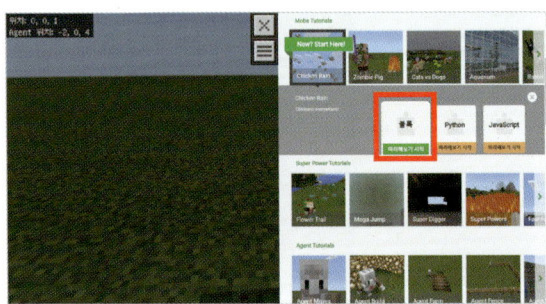

02 ⛶을 눌러 코드 빌더 화면을 더 큰 창으로 바꿀 수 있어요. [확인]을 눌러 따라해보기를 시작해요.

03 2단계에요. 💡를 클릭하면 힌트가 나오는데 말풍선에 보이는 안내처럼 똑같이 따라해요. 파란색 명령블록 'run'을 지우고 'chicken'을 입력한 후 [다음] 버튼을 눌러요.

04 3단계에요. 💡를 클릭해서 힌트를 보세요. 보라색 명령블록을 파란색 명령블록 안에 넣어야 해요.

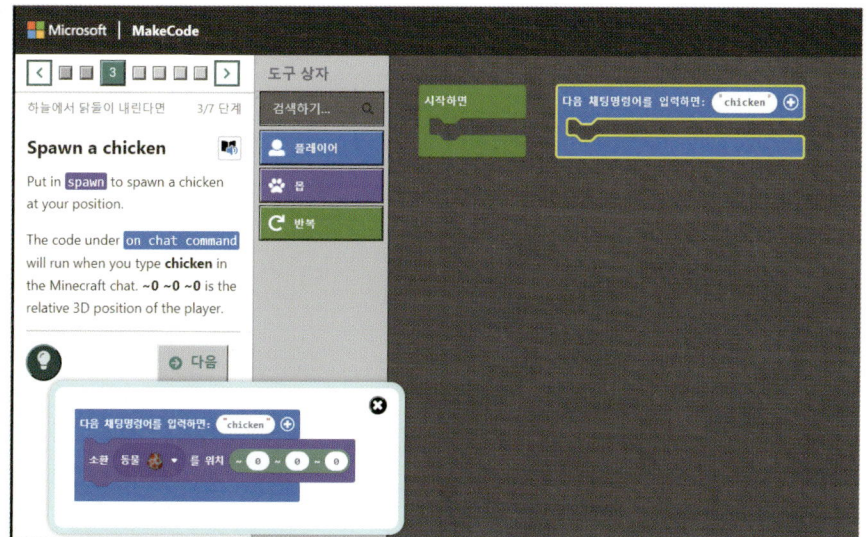

05 [몹] 카테고리를 누르면 우리가 찾던 명령블록이 있어요. '소환 (동물)를 위치 ~0 ~0 ~0' 코드를 드래그해서 오른쪽으로 옮겨요.

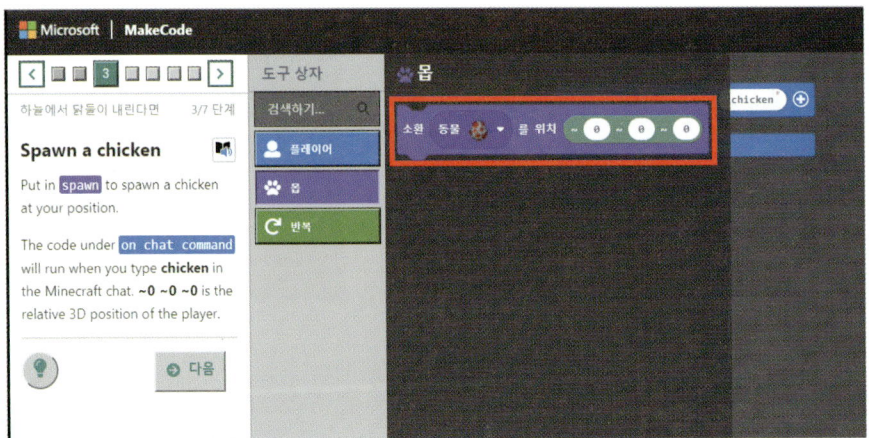

06 보라색 명령블록 '소환 (동물)를 위치 ~0 ~0 ~0'을 옮긴 다음, 파란색 블록 '다음 채팅명령어를 입력하면: chicken'의 안쪽에 붙여요.

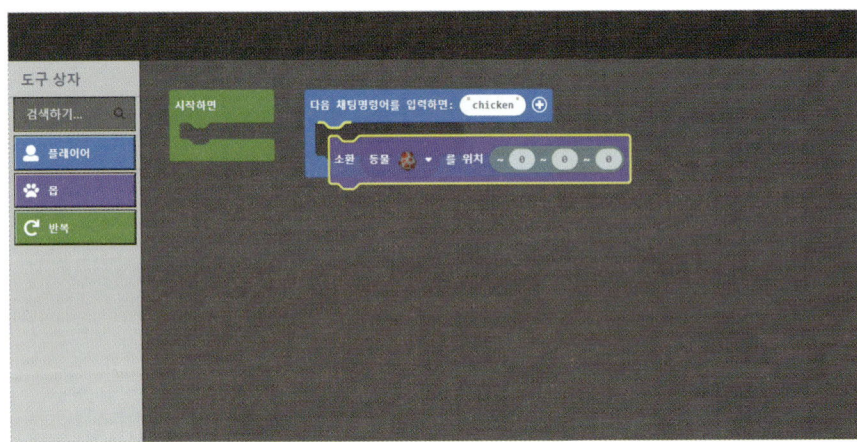

07 명령블록을 제대로 이어붙인 모습이에요.

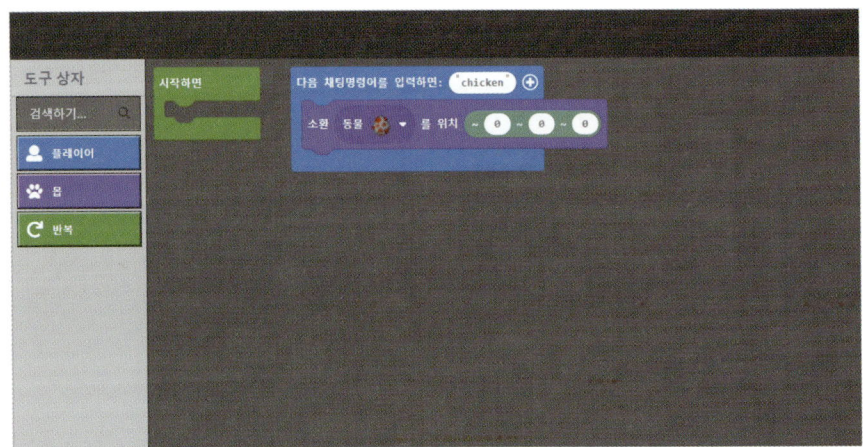

08 4단계에요. '소환 (동물)를 위치 ~0 ~0 ~0' 코드의 두 번째 숫자를 '10'으로 입력해요.

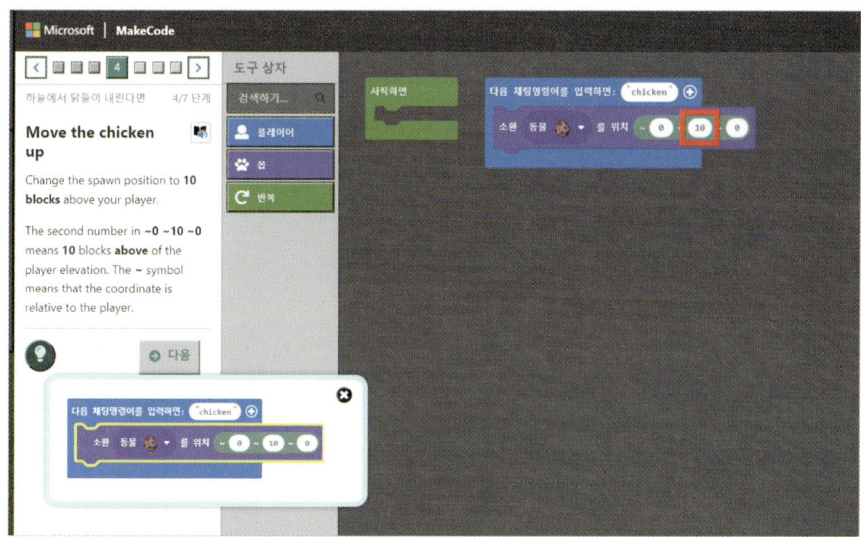

09 ▨를 클릭해서 코드 빌더의 크기를 줄여볼게요. 오른쪽 아래의 ▶을 누르고, T키 또는 Enter 키를 눌러 명령어 'chicken'을 입력해요.

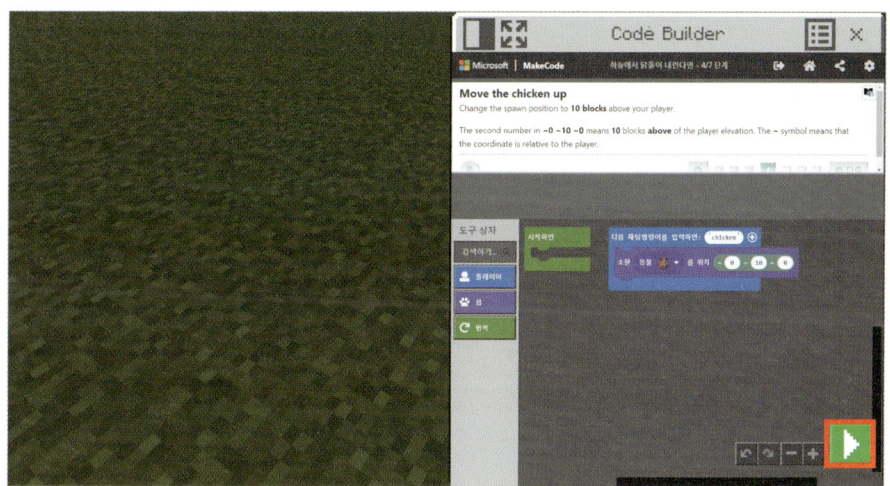

10 머리 위에서 닭 한 마리가 내려오는 것을 볼 수 있어요.

11 C키를 눌러 코드 빌더로 돌아가요. 버튼을 눌러서 6단계를 확인해주세요. 이제 100마리의 닭을 소환해볼 거에요. 초록색 명령블록 '실행 ( )번 반복'을 카테고리에서 찾아봐요.

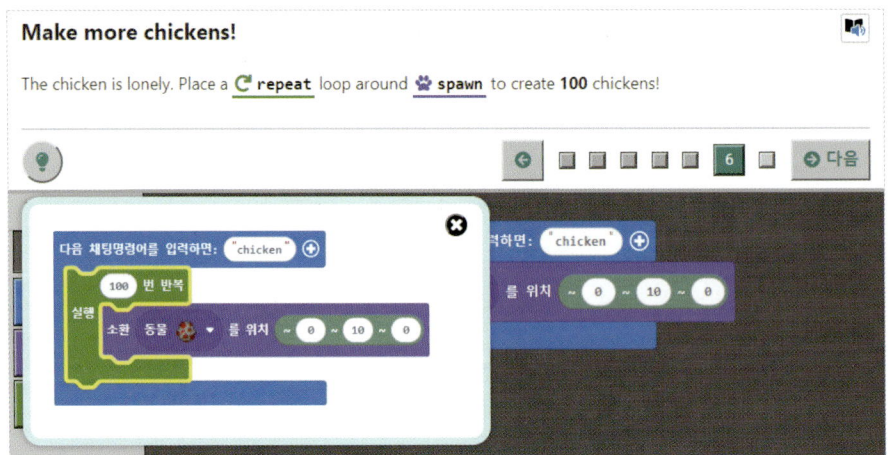

12 '실행 ( )번 반복' 블록은 초록색 [반복] 카테고리에 있어요. 블록을 클릭한 채로 드래그해서 안내된 모양처럼 이어 붙여요.

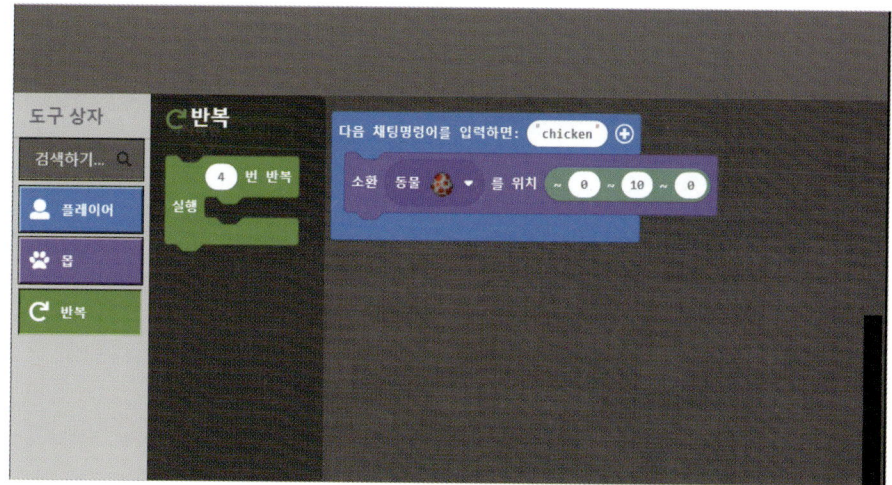

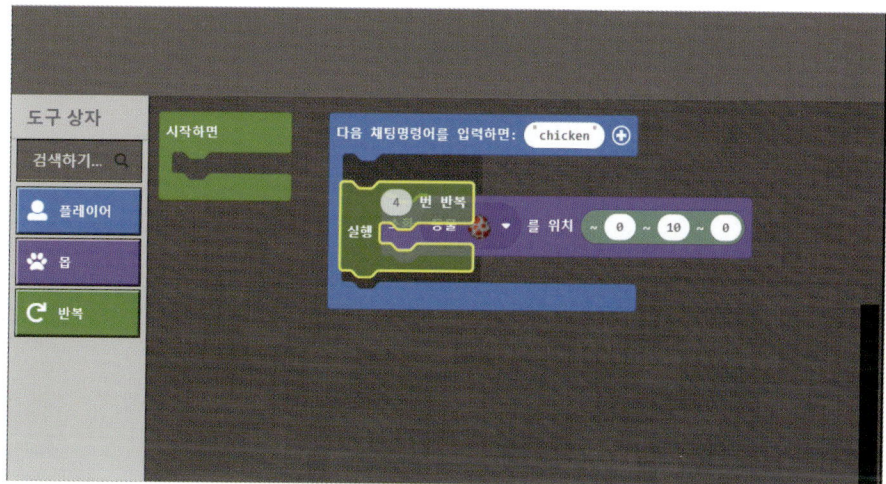

13 '실행 (4)번 반복' 블록의 숫자를 '100'으로 입력하면 코드를 완성한 거예요.

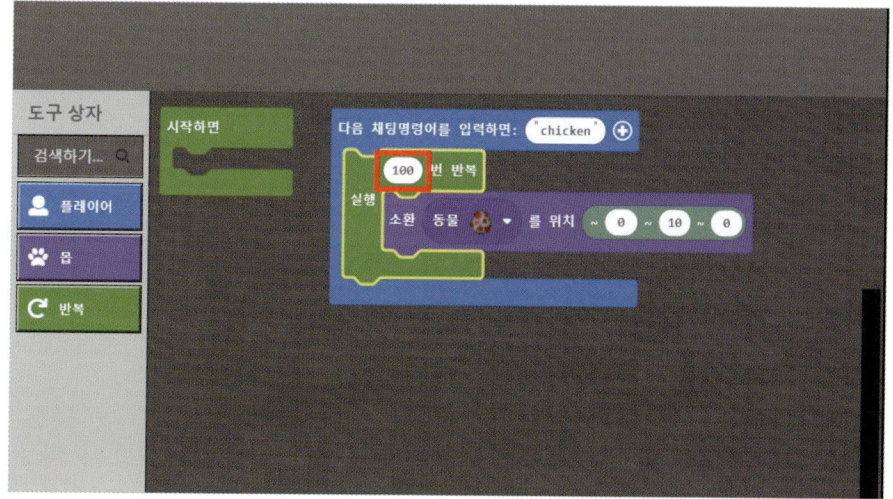

14 왼쪽에 '시작하면 실행'이라는 필요없는 블록이 있어요. 블록을 드래그해서 카테고리가 있는 쪽으로 옮겨 삭제해요.

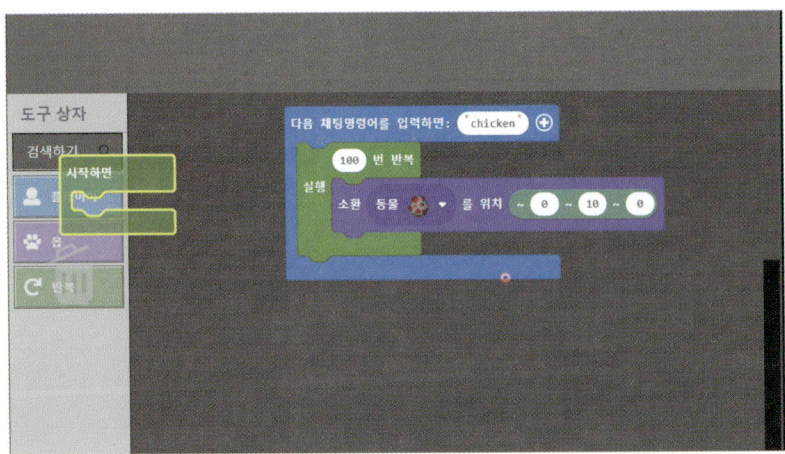

15 오른쪽 아래의 ▶을 누르고 채팅창을 열어 'chicken'을 입력해요.

16 하늘에서 100마리의 닭이 내려와요.

더 나아가기

1 명령어 'chicken'을 여러 번 입력해보세요. 잔디밭에 닭이 가득하게 만들 수 있어요.

2 코드 빌더에서 🏠 을 눌러 다른 따라해보기 프로젝트도 도전해보세요.

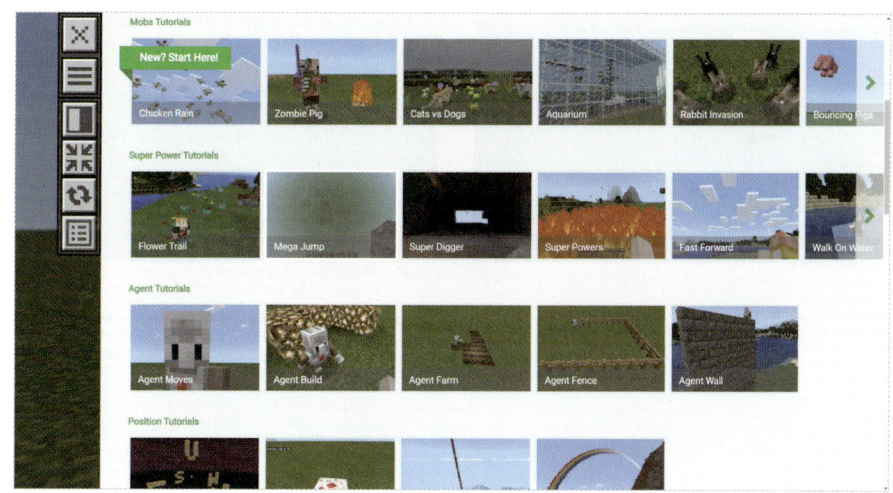

좌표

03강 ▸ 좌표로 보는 마인크래프트 + **04강 ▸ 테마파크 안내판**

★ 개념 설명 ★
03 좌표로 보는 마인크래프트

- **핵심 개념** 좌표
- **게임 환경** 크리에이티브 모드
- **사용 코드** 블록 채우기
- **활동 내용** x, y, z 방향으로 침대 블록을 놓는다.
- **학습 목표** 마인크래프트의 방향 체계를 이해하고 좌표가 가리키는 위치를 가늠할 수 있다.

마인크래프트는 블록 한 칸 한 칸으로 이루어진 세상이에요.
원하는 위치에 블록을 놓아 작품을 만들기 위해서는 위치를 표현하는 방법을 먼저 터득해야 해요.
좌표는 앞으로 작품을 만들 때 기본이 되는 내용이니 꼼꼼히 알아봅시다.

몸풀기 : 방향 알기

마인크래프트는 실제 세상처럼 앞, 뒤, 오른쪽, 왼쪽, 위, 아래로 움직일 수 있는 세상이에요.
플레이어를 관찰하고 조종하면서 방향을 어떻게 표현할 수 있는지 알아봅시다.

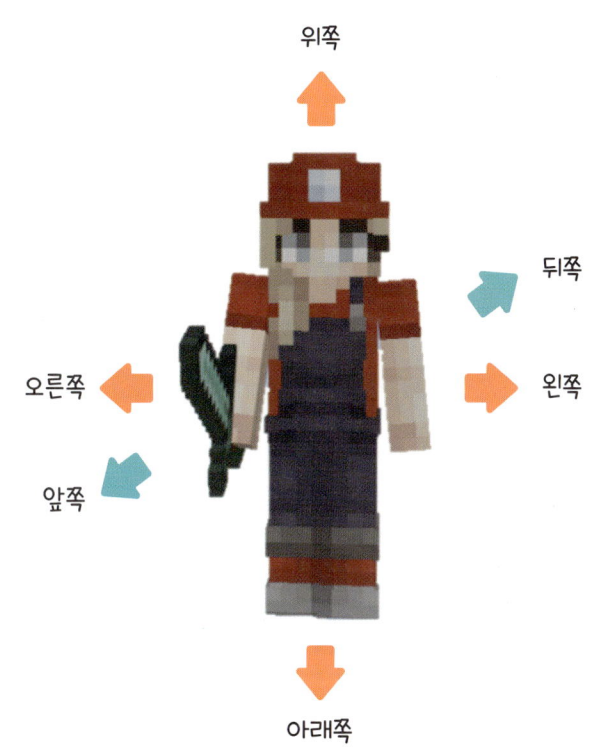

⭐ W, A, S, D, Space Bar 키와 마우스를 이용해서 플레이어를 조종해보세요. 관찰한 내용이 맞으면 O, 틀리면 X로 표시하고 올바른 설명이 되도록 고쳐보세요.

플레이어가 다이아몬드 칼을 든 쪽이 플레이어의 오른쪽이에요. (O, ×)

W 키를 누르면 플레이어가 뒤쪽으로 이동해요. (O, ×)

Space Bar 키를 누르면 플레이어가 위쪽으로 점프를 해요. (O, ×)

알고가기

마인크래프트에서 위치를 표현하기 위해서는 앞뒤, 좌우, 위아래보다 더 정확한 표현방법을 사용해야 해요. 플레이어가 뒤로 돌거나, 헤엄치거나, 바닥을 향해 낙하할 때에는 방향이 달라져 헷갈릴 수 있기 때문이에요.

동서남북 여러분이 지구 어느 곳에 있든 변하지 않는 방향이에요. 마인크래프트 세계에도 위치를 표현하기 위해 정해진 약속이 있는데 알파벳 x, y, z로 동서남북과 위아래를 표현해요.

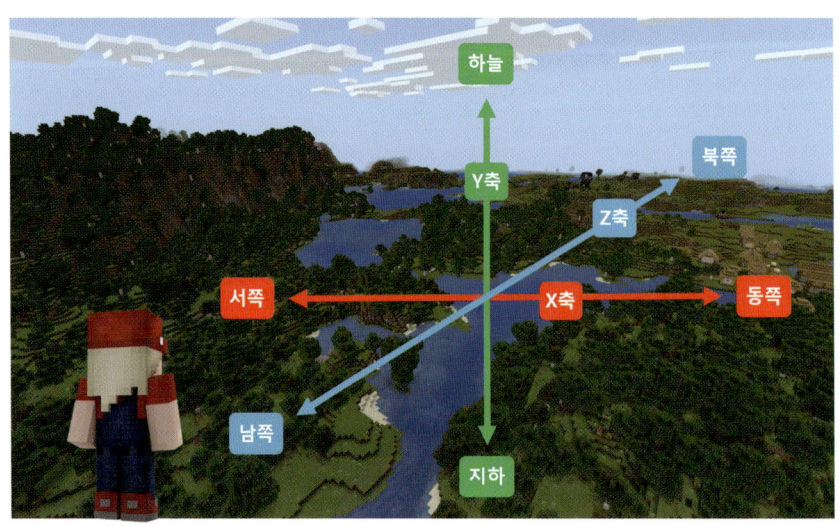

마인크래프트 메이크코드에서는 위치를 주로 아래 그림과 같이 표현해요. 앞에 ~(물결표시)가 붙은 것은 플레이어의 위치를 기준으로 한다는 것을 의미해요. 기준이 되는 위치가 정해져 있어야 다른 위치를 표현할 수 있어요.

세 개의 숫자 칸에 적힌 숫자의 조합은 하나의 위치를 가리켜요. 이를 **좌표**라고 해요. 좌표를 이루는 3개의 숫자가 무엇을 의미하는지 코딩을 하면서 살펴봅시다.

> **Note** 위 내용은 상대좌표에 대한 설명이에요. 월드편 58쪽에서 좌표에 대한 더 자세한 내용(상대좌표와 절대좌표)을 다루니 참고해주세요.

코딩하기

침대를 x 방향, y 방향, z 방향으로 배치하면 각각 어떤 모양으로 침대가 나타날까요? 차근차근 코딩해 보면서 좌표를 익혀봅시다.

코딩 순서 정리하기

명령어 x 입력	명령어 y 입력	명령어 z 입력
▼	▼	▼
x 방향으로 2칸까지 침대 블록 채우기	y 방향으로 2칸까지 침대 블록 채우기	z 방향으로 2칸까지 침대 블록 채우기

Note 코딩을 하기 전에 새로운 잔디 블록 월드를 열고, ⓒ키를 눌러 코드 빌더(Code Builder)를 켜세요. [새 프로젝트]를 누른 다음, 프로젝트 이름을 원하는 대로 설정해주세요.

머리맡끼리 맞닿도록 침대 놓기

01 명령어 입력 코드에 'x'를 입력해요.

02 블록 카테고리에서 '블록 채우기' 코드를 가져와 01 안에 연결해요. 잔디 블록 그림을 클릭해 '침대'를 검색해요. 침대 블록을 선택하고, 끝 좌표를 ~2 ~0 ~0 로 입력해요.

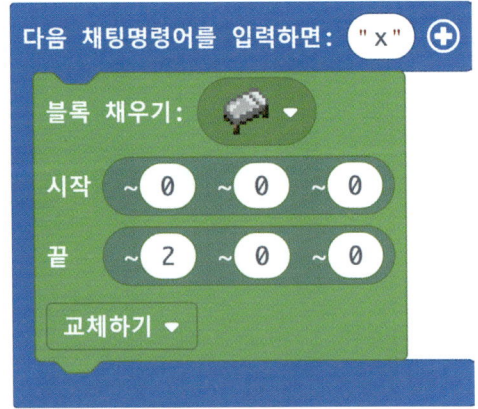

3층 침대 놓기

01 명령어 입력 코드에 'y'를 입력해요.

02 블록 카테고리에서 '블록 채우기' 코드를 가져와 01 안에 연결해요. 침대 블록을 선택하고, 끝 좌표를 ~0 ~2 ~0 로 입력해요.

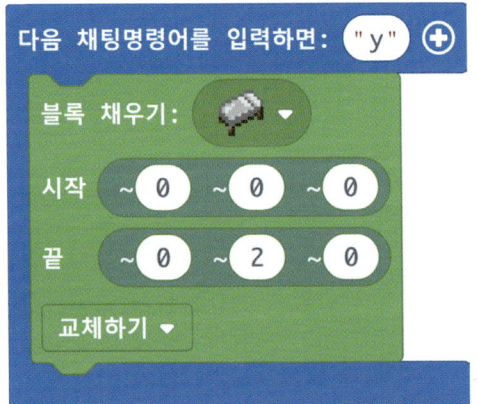

머리맡과 발치가 맞닿도록 침대 놓기

01 명령어 입력 코드에 'z'를 입력해요.

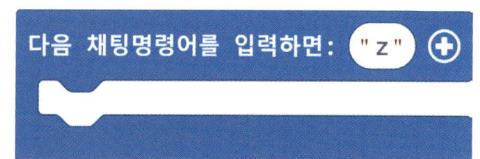

02 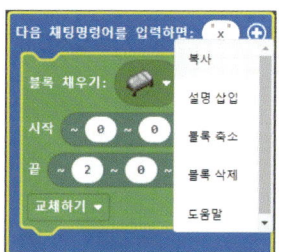 카테고리에서 '블록 채우기' 코드를 가져와 연결해요. 침대 블록을 선택하고, 끝 좌표를 `~0 ~0 ~2`로 입력해요.

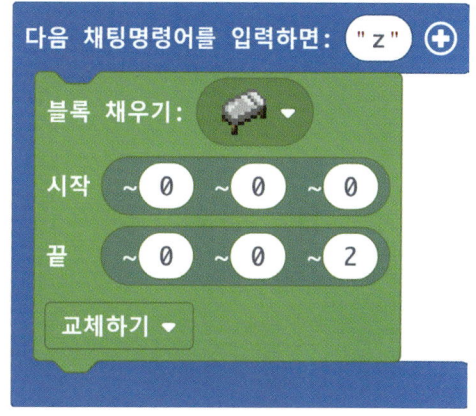

Note 비슷한 코드는 마우스 오른쪽 버튼을 클릭해 복사한 다음, 숫자만 다르게 입력해서 완성할 수 있어요.

Tip 코드가 어디 있는지 잘 모를 때에는 코드 이름을 검색해서 찾을 수도 있어요. 카테고리 위에 있는 검색란에 코드 이름을 입력하고 Enter 키를 눌러요.

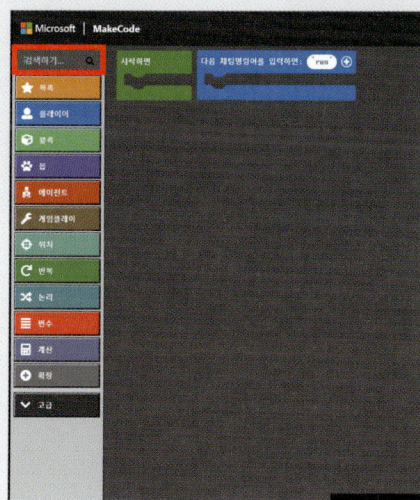 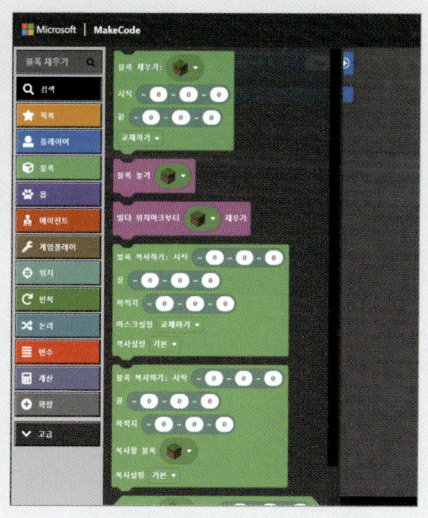

코드를 모두 작성하고 실행하려면 오른쪽 아래의 ▶를 꼭 눌러야 해요.

실행하기

01 코드 빌더를 닫고, T 또는 Enter 키를 눌러 채팅창에 명령어 'x'를 입력하세요.

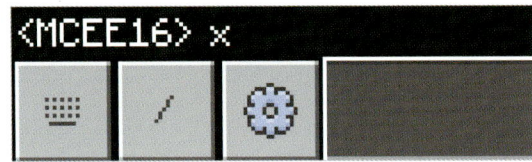

⭐ 첫 번째 숫자 칸은 동쪽 또는 서쪽으로 거리가 얼마나 떨어져 있는지를 말해요. 아래 그림을 보면, 원래 위치에서 동쪽으로 두 칸 떨어진 위치까지 침대를 더 놓았어요. 각 침대의 위치는 다음과 같아요.

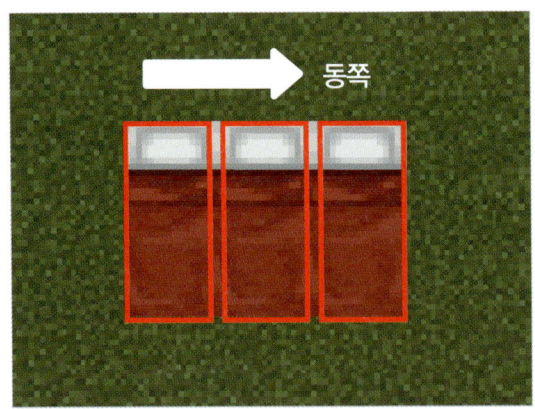

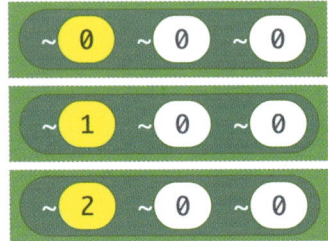

원래 위치에서 동쪽으로 떨어진 위치까지의 거리를 x 좌표라고 표현해요. 아래 빈 칸에 숫자를 넣어 'x 좌표는 0이다, 1이다, 2이다'와 같이 이야기할 수 있어요. 숫자에 −(마이너스)가 붙어 있다면 서쪽 방향이에요.

x 좌표는 _____이다.

02 이미 생긴 침대와 겹치지 않도록 플레이어를 조금 움직인 다음 명령어 'y'를 입력하세요.

> 두 번째 숫자 칸은 위 또는 아래로 얼마나 높은 곳에 있는지를 말해요. 아래 그림을 보면, 원래 위치에서 위로 두 칸 떨어진 위치까지 침대를 더 놓았어요. 각 침대의 위치는 다음과 같아요.

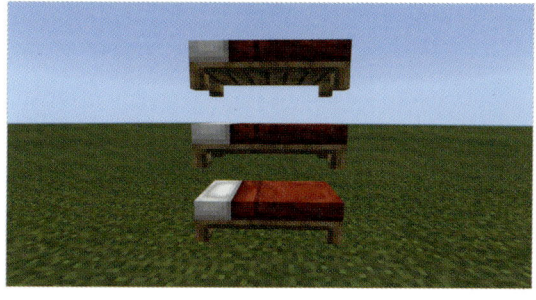 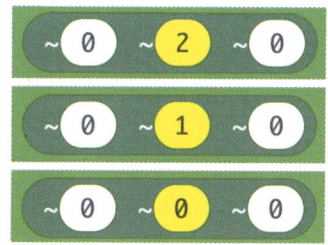

원래 위치에서 위쪽으로 떨어진 위치까지의 거리를 y 좌표라고 표현해요. 아래 빈 칸에 숫자를 넣어 'y 좌표는 0이다, 1이다, 2이다'와 같이 이야기할 수 있어요. 숫자에 −(마이너스)가 붙어 있다면 아래 방향이에요.

y 좌표는 _____이다.

03 이미 생긴 침대와 겹치지 않도록 플레이어를 조금 움직인 다음 명령어 'z'를 입력하세요.

★ 세 번째 숫자 칸은 남쪽 또는 북쪽으로 거리가 얼마나 떨어져 있는지를 말해요. 아래 그림을 보면, 원래 위치에서 남쪽으로 두 칸 떨어진 위치까지 침대를 더 놓았어요. 각 침대의 위치는 다음과 같아요.

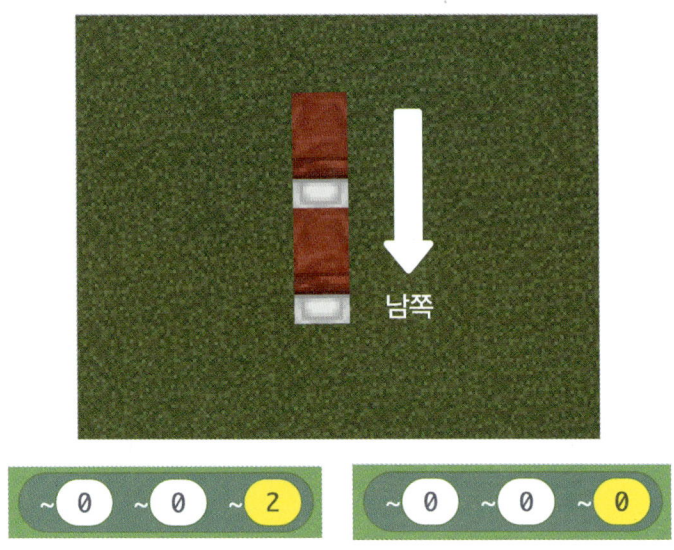

[Note] 침대 하나의 너비가 길기 때문에 ~0 ~0 ~1 에는 침대가 놓일 수 없어요.

원래 위치에서 남쪽으로 떨어진 위치까지의 거리를 z 좌표라고 표현해요. 아래 빈 칸에 숫자를 넣어 'z 좌표는 0이다, 1이다, 2이다'와 같이 이야기할 수 있어요. 숫자에 -(마이너스)가 붙어 있다면 북쪽 방향이에요.

z 좌표는 _____이다.

더 나아가기

위치에 따른 좌표값 변화

x 좌표, y 좌표, z 좌표가 조금 어려웠나요? 여러분의 교실을 떠올려보면 어렵지 않게 이해할 수 있어요. 아래 그림처럼 1층에는 3학년 1반, 2층에는 4학년 1반이 있고 각 반에는 6명의 학생과 1명의 선생님이 있어요.

3학년 1반을 먼저 살펴보세요. 맨 앞 가운데에 있는 학생의 위치를 기준으로 하고, 기준이 되는 학생의 오른쪽은 x 좌표 방향, 위쪽은 y 좌표 방향, 뒤쪽은 z 좌표 방향으로 정해져 있어요.

따라서 3학년 1반의 맨 앞 왼쪽에 있는 학생의 x 좌표는 ~-1가 되고 두 번째 줄의 가운데 학생의 z 좌표는 ~1이 돼요. 방향과 거리를 생각하면서 학생들의 위치 좌표값을 적어보세요. (풀이 순서: 1층 3-1 완성 → 2층 4-1)

2층 4-1

4학년 1반 기준

x 좌표 −1	y 좌표 +1	x 좌표 +1
?	?	?

1층 3-1

3학년 1반 기준

x 좌표 −1	x 좌표 0 z 좌표 0	x 좌표 +1
?	z 좌표 1	?

남쪽 ↓
동쪽 →

에이전트

C를 눌러 코드 빌더를 실행하면 플레이어가 위치한 자리에 에이전트가 생성됩니다. 에이전트가 위치한 곳에는 아이템 블록을 놓을 수가 없어요. 그럴 때는 에이전트의 위치를 이동시키거나 에이전트를 삭제하면 됩니다.

01 E키를 눌러 소지품 창을 열어요. 'agent'를 검색하여 에이전트 알을 찾은 뒤 아이템 슬롯에 넣어요.

02 플레이어를 움직여 에이전트를 이동시키고 싶은 위치로 포인터를 조정해요.

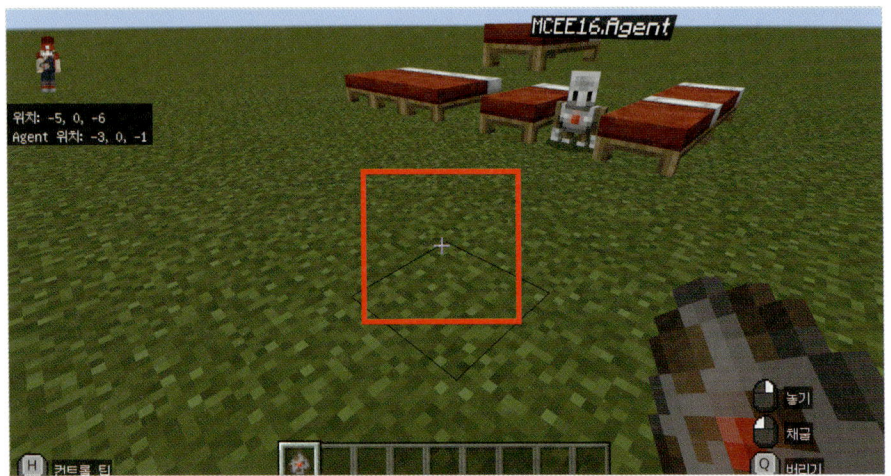

03 마우스 우클릭하면 포인터가 위치한 곳으로 에이전트가 이동해옵니다.

04 채팅창에 치트키를 사용하여 에이전트를 삭제할 수도 있어요.

> **Note** 에이전트를 다시 생성시키고 싶다고요? 에이전트 알을 사용하거나 C키를 눌러 코드 빌더를 실행하면 에이전트가 다시 나타납니다.

코딩 실습 04
테마파크 안내판

- **핵심 개념** 좌표
- **게임 환경** Conservation Science 맵, Blocks of Grass 맵
- **사용 코드** 글자쓰기
- **활동 내용** 테마파크 구역별 안내판을 블록으로 글자를 써서 만든다.
- **학습 목표** 절대좌표를 이해하고 원하는 좌표에 블록으로 글자를 만들 수 있다.

여행지나 놀이공원에서 표지판을 본 적이 있나요?
해당 구역의 테마에 맞게 꾸민 커다란 표지판이 걸려있으면
방문객들이 어느 구역인지 쉽게 알 수 있어요.
여러분이 앞으로 꾸밀 테마파크의 안내판을 멋지게 만들어봅시다.

몸풀기 : 순간이동하기

영화에서나 가능한 줄 알았던 순간이동을 마인크래프트에서도 할 수 있어요. 원하는 위치를 정확히 입력만 하면 순식간에 이동해요. 새로운 월드를 열어 텔레포트 명령어로 순간이동을 해 봅시다.

🔖 **탐험을 위해 새로운 맵을 열어보세요.**

01 로그인을 한 후 [라이브러리]를 클릭해요.

02 [월간 빌드 챌린지]를 클릭해요.

03 '챌린지4'를 검색하거나 '스킬 챌린지 4' 월드를 찾아서 클릭해요.

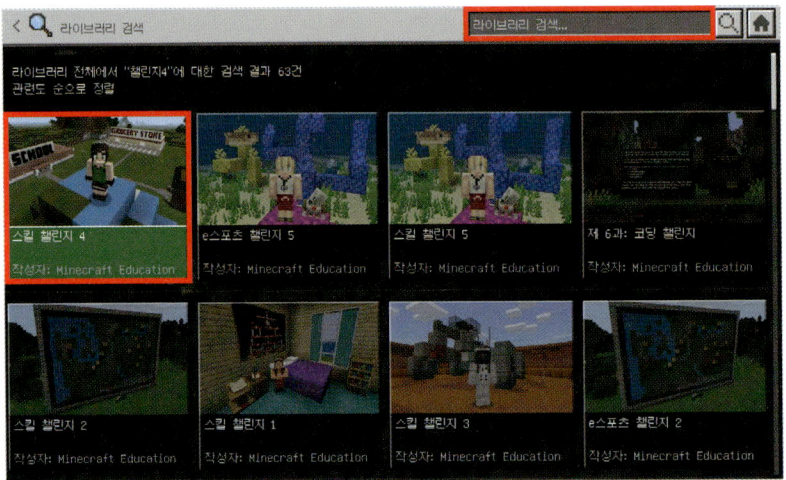

04 [월드 만들기]를 클릭해서 월드를 생성해요.

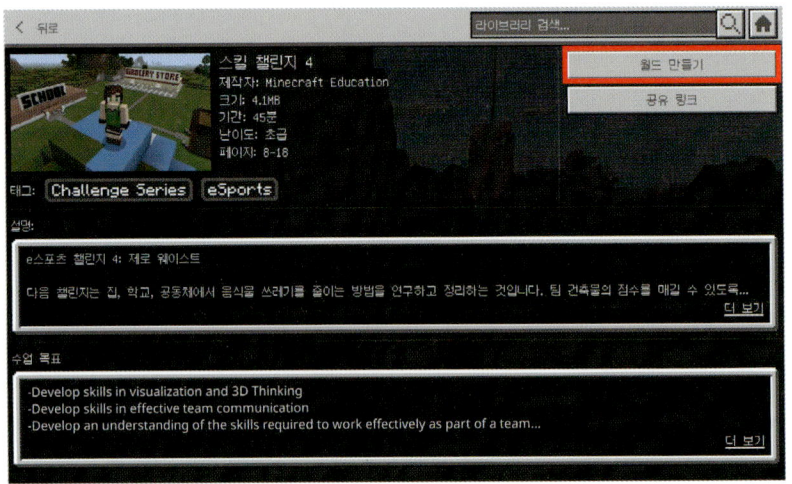

05 성공적으로 월드가 열렸어요.

⭐ 플레이어를 움직이면서 마음껏 탐험해보세요. 충분히 탐험했다면, T키나 Enter키를 눌러 채팅창을 열어요. 아래 명령어를 채팅창에 입력해서 텔레포트 해보세요.

/tp 48 63 228

학교가 나오나요? 아래 명령어를 각각 입력해서 텔레포트하고 어떤 장소인지 아래 단어 모음에서 찾아 적어보세요.

/tp 129 92 187   (   )
/tp 106 63 242   (   )
/tp 5 63 307   (   )

식료품점   꽃밭   호수   도서관   주차장   언덕

알고가기

마인크래프트에서 플레이어를 기준으로 위치를 표현하는 것을 **상대좌표**라 하고, 플레이어와 상관없이 위치를 정해진 약속에 따라 표현하는 것을 **절대좌표**라고 해요.

3강에서 침대 배치를 할 때는 플레이어가 현재 서 있는 곳을 기준으로 침대가 놓였어요. 플레이어가 움직여 새로운 위치에 자리하면 그 자리가 다시 기준이 되었어요. 아래 그림에서 볼 수 있듯이 같은 위치를 두고 하늘색 안경을 낀 사람이 이야기하는 것과 콧수염을 가진 사람이 이야기하는 것이 달라요. 이는 상대좌표로 표현한 것이에요.

만약 플레이어의 위치와 상관없이 항상 같은 곳을 표현하려면 어떻게 해야 할까요? 딱 하나의 좌표를 기준으로 두고 그 점에서 위치가 얼마나 떨어져 있는지 알면 돼요. 어떻게 알 수 있냐고요? 여러분이 플레이어를 조종할 때 왼쪽 위에 나타나 있는 숫자가 바로 여러분이 위치한 좌표예요. 여러분이 살고있는 집 주소가 유일한 것처럼 이 숫자를 알고 있다면 어디서든 다시 찾아올 수 있어요. 이는 절대좌표로 표현한 것이에요.

상대좌표, 절대좌표 코드는 모두 `위치` 카테고리에 있어요.

상대좌표	절대좌표
~ 236 ~ 93 ~ 210	월드 236 93 210

플레이어가 절대좌표로 (0, 0, 0)에 있다면 두 좌표가 가리키는 위치는 동일해요.

코딩하기

테마파크의 각 구역을 안내하는 안내판 글씨를 써요. 구역에 어울리는 블록으로 멋진 안내판을 만들어봅시다.

코딩 순서 정리하기

> **Note** 이제부터 본격적으로 테마파크를 만들어 볼 거예요. Esc > [저장하고 종료] 한 다음, 새로운 잔디 블록 월드를 열고 ⓒ키를 눌러 코드 빌더(Code Builder)를 켜세요. [새 프로젝트]를 누른 다음, 프로젝트 이름을 원하는 대로 설정해주세요.

동물 구역 안내판

01 명령어 입력 코드에 'z'를 입력해요.

02 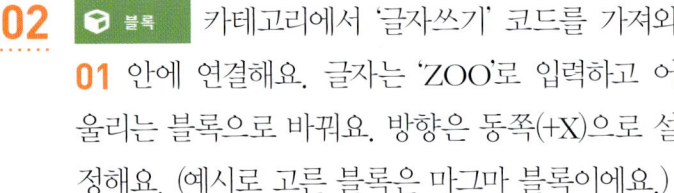 카테고리에서 '글자쓰기' 코드를 가져와 01 안에 연결해요. 글자는 'ZOO'로 입력하고 어울리는 블록으로 바꿔요. 방향은 동쪽(+X)으로 설정해요. (예시로 고른 블록은 마그마 블록이에요.)

03 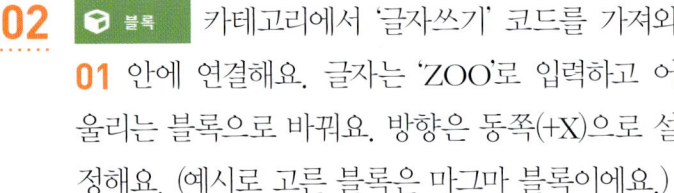 카테고리에서 '월드 0 0 0' 코드를 가져와 '글자쓰기' 코드의 위치에 연결해요. 차례로 -48 15 40을 입력해요.

Note 비슷한 코드는 복사해서 텍스트만 수정해도 돼요. 복사하려는 코드에 커서를 대고 마우스 오른쪽 버튼을 클릭해요. [복사]를 누르면 똑같은 코드가 하나 더 생겨요.

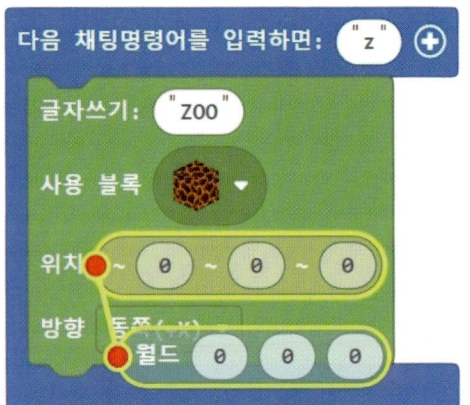

블록 구역 안내판

01 명령어 입력 코드에 'b'를 입력해요.

02 블록 카테고리에서 '글자쓰기' 코드를 가져와 01 안에 연결해요. 글자는 'BLOCK'으로 입력하고 어울리는 블록으로 바꿔요. 방향은 동쪽(+X)로 설정해요. (예시로 고른 블록은 벽돌 블록이에요.)

03 위치 카테고리에서 '월드 0 0 0' 코드를 가져와 '글자쓰기' 코드의 위치에 연결해요. 차례로 10 15 10을 입력해요.

포토 구역 안내판, 게임 구역 안내판

같은 방법으로 포토 구역, 게임 구역 안내판을 만들어보세요.

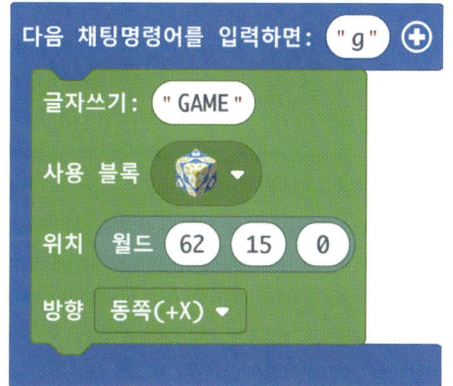

 실행하기

 8 4 90

01 코드를 모두 작성했으니 ▶를 눌러 실행해요. T키나 Enter키를 눌러 채팅창을 열고 텔레포트 명령어를 입력하여 안내판이 잘 보이는 위치로 텔레포트해요.

02 명령어 'z', 'b', 'p', 'g'를 각각 순서대로 실행하여 안내판이 생기는지 확인해요.

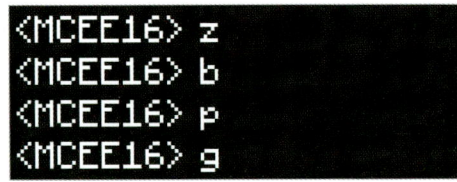

더 나아가기

여러분의 영어 이름 또는 이니셜, 생일, 좋아하는 색깔 등을 블록으로 글자를 써서 표현해요. 모두 다른 방향을 향하도록 만들고 친구와 공유해보세요.

Note 다른 방향으로 글자를 만들려면 '글자쓰기' 코드에서 방향을 바꿔야 해요.

빌더

05강 ▶ 큰 동물 사육장 + 06강 ▶ 승마 체험장

★ 개념 설명 ★
05 큰 동물 사육장

- **핵심 개념** 빌더
- **게임 환경** 크리에이티브 모드
- **사용 코드** 위치마크 생성, 빌더 이동 방향, 벽 세우기, 소환
- **활동 내용** 작은 동물만 왔다갔다 할 수 있는 우리를 빌더로 만든다.
- **학습 목표** 빌더의 위치와 이동을 확인하고 빌더로 블록을 쌓을 수 있다.

양떼 목장을 본 적 있나요? 양떼 목장에는 양들이 도망가지 못하도록 울타리가 쳐져 있어요. 풀이나 나무를 엮어서 만든 울타리는 담 대신에 경계를 지어요. 꽃 울타리, 가시 울타리, 나무 울타리, 넝쿨 울타리, 애견 울타리 등 주변에서 다양한 울타리를 볼 수 있어요. 마인크래프트 세계에서도 원하는 블록으로 울타리를 만들 수 있어요.

몸풀기 : 빌더 이동 경로 확인하기

빌더는 블록을 쌓을 때 중요한 요소 중 하나예요. 에이전트와는 다르게 빌더는 눈에 보이지 않아요. 빌더의 시작 위치를 설정하여 빌더를 원하는 위치로 이동시키고, 빌더의 방향을 바꾸면서 블록을 쌓아요. 빌더는 눈에 보이지 않지만 위치마크가 생성되어 위치마크로부터 블록을 쌓을 수 있어요.

★ 월드를 열고, 코드 작성기를 열어 카테고리에서 알맞은 코드를 찾아 아래와 같이 작성해보세요. (횃불이 있는 부분을 유심히 보고 수정해보세요.)

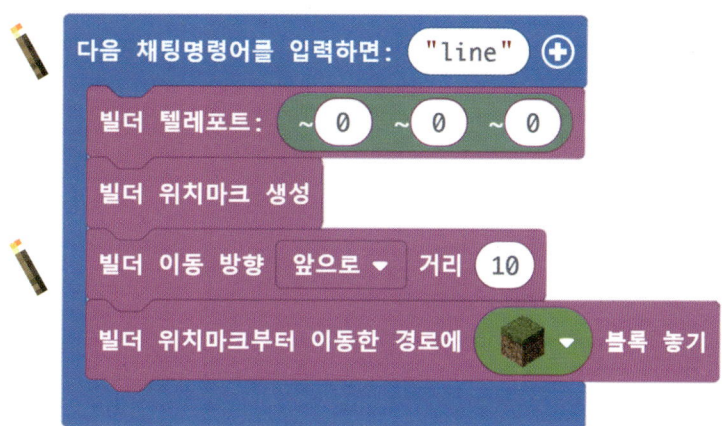

★ 채팅창을 열고, 명령어를 입력하여 실행 결과를 확인해보세요.

★ 관찰한 내용이 맞으면 O, 틀리면 X로 표시하고 올바른 설명이 되도록 고쳐보세요.

새로 생성된 블록은 10개예요. (O, X)

빌더 위치마크는 플레이어가 있었던 곳에 생성돼요. (O, X)

빌더가 이동한 경로가 잔디 블록으로 표시돼요. (O, X)

알고가기

빌더는 명령에 따라 움직인다는 점에서 에이전트와 비슷해요. 하지만 에이전트와 다르게 눈에 보이지 않아요. 에이전트와 빌더의 공통점과 차이점을 알아봅시다.

공통점

★ 각각에게 명령을 내릴 수 있는 코드 카테고리가 있어요.
위치, 이동 방향, 이동 거리, 블록 놓기를 명령할 수 있어요.

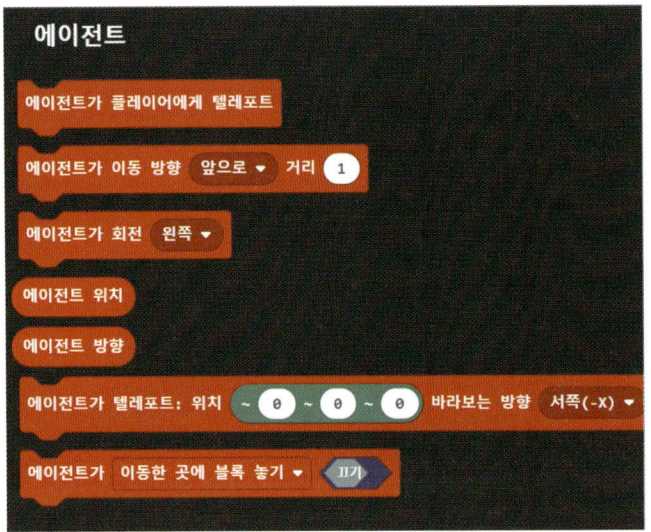
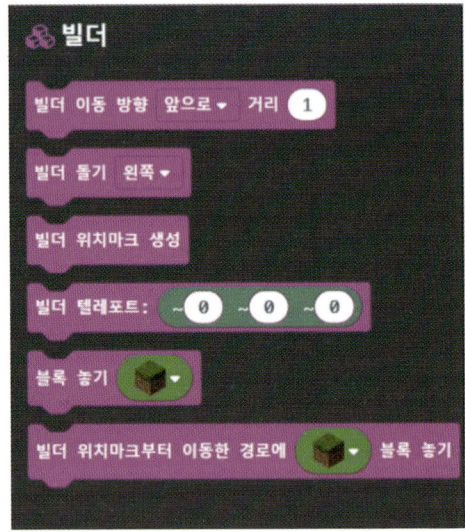

차이점

에이전트	빌더
모습이 눈에 보여요.	모습이 눈에 보이지 않아요.
위치마크를 생성할 수 없어요.	위치마크를 생성할 수 있어요.
블록을 탐지할 수 있어요.	블록을 탐지할 수 없어요.
블록 파괴, 경작, 공격을 할 수 있어요.	블록 파괴, 경작, 공격을 할 수 없어요.
인벤토리를 활용할 수 있어요.	인벤토리를 활용할 수 없어요.

Note 에이전트는 9강에서 본격적으로 함께 할 거예요.

> **Tip** 위치마크는 어떻게 활용하나요?
> 위치마크를 생성하면 해당 좌표를 기준으로 두고 이동한 경로에 블록 놓기, 블록 채우기, 라인 만들기, 벽 세우기, 블록 복사하기 등을 할 수 있어요.

코딩하기

엔더 막대를 사용해서 울타리를 만들면 큰 동물은 빠져나올 수 없고, 작은 동물만 빠져나올 수 있어요. 빌더 카테고리의 코드를 이용해 큰 동물 사육장을 만들어봅시다.

코딩 순서 정리하기

명령어 입력
▼
빌더 위치마크 생성
▼
빌더 앞으로 거리 7 이동
▼
빌더 오른쪽으로 거리 7 이동
▼
빌더 뒤로 거리 7 이동
▼
빌더 왼쪽으로 거리 7 이동
▼
빌더 위치마크부터 높이가 2인 벽 세우기

명령어 입력
▼
플레이어 위치에 젖소 소환
▼
플레이어 위치에 돼지 소환
▼
플레이어 위치에 양 소환
▼
플레이어 위치에 토끼 소환
▼
플레이어 위치에 닭 소환

울타리 세우기

01 [몸풀기]에서 작성한 코드는 삭제하고 시작해요. 명령어 입력 코드에 'fence'를 입력해요.

02 빌더 카테고리의 '빌더 위치마크 생성' 코드를 01 안에 연결해요.

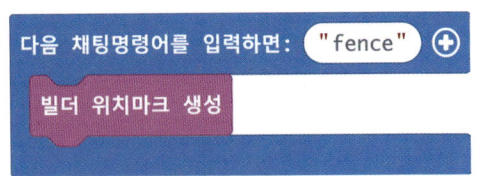

03 빌더 카테고리의 '빌더 이동 방향 (앞으로) 거리' 코드를 02 아래에 연결해요. 방향은 '앞으로', 거리는 '7'로 입력해요.

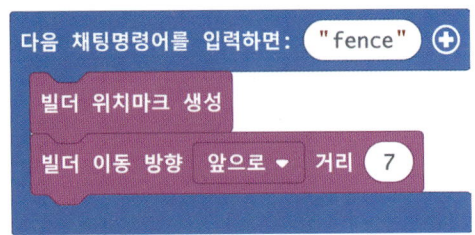

04 03 아래에 '빌더 이동 방향 (앞으로) 거리' 코드를 연결해요. 방향은 '오른쪽', 거리는 '7'로 입력해요.

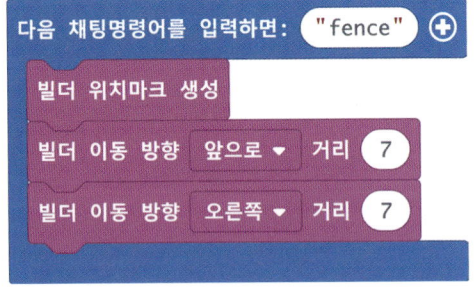

05 04 아래에 '빌더 이동 방향 (앞으로) 거리' 코드를 연결해요. 방향은 '뒤로', 거리는 '7'로 입력해요.

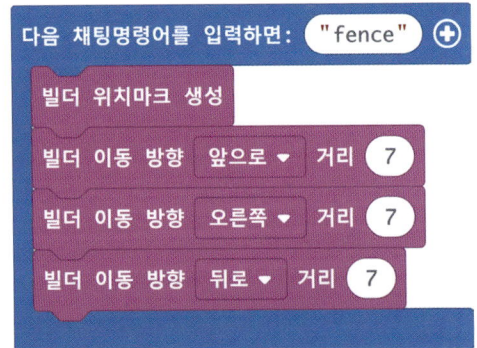

06 05 아래에 '빌더 이동 방향 (앞으로) 거리' 코드를 연결해요. 방향은 '왼쪽', 거리는 '7'로 입력해요.

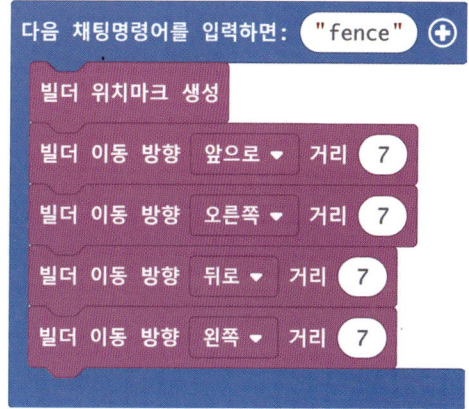

07 빌더 카테고리의 '빌더 위치마크부터 ( ) 벽 세우기 높이' 코드를 06 아래에 연결해요. 블록은 '엔더 막대 블록'으로 바꾸고 높이는 '2'로 입력해요.

동물 소환하기

01 명령어 입력 코드에 'animal'를 입력해요.

02 몹 카테고리의 '소환 (동물)를 위치' 코드를 01 안에 연결해요. 동물을 젖소로 선택해요.

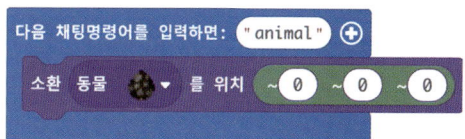

> **Tip** Animal Field
>
> Animal Field에서 원하는 몹을 선택하여 소환할 수 있어요.
>
>
>
> 닭, 젖소, 돼지, 양, 늑대, 마을 주민, 버섯소, 오징어, 토끼, 박쥐, 오셀롯, 말, 당나귀, 노새, 스켈레톤 말, 좀비 말, 북극곰, 라마, 앵무새, 돌고래, 바다거북, 고양이, 복어, 연어, 열대어, 대구, 팬더, 떠돌이 상인, 여우, 벌, 아홀로틀, 발광 오징어 염소, 스트라이더, 완화, 개구리, tadpole(올챙이), camel(낙타), sniffer(스니퍼), armadillo(아르마딜로)

03 02 아래에 '소환 (동물)를 위치' 코드를 4개 연결하고 동물을 돼지, 양, 토끼, 닭으로 선택해요.

04 모든 코딩이 끝났다면 ▶를 클릭해요.

실행하기

01 텔레포트 명령어를 입력하여 울타리를 만들 장소로 텔레포트해요.

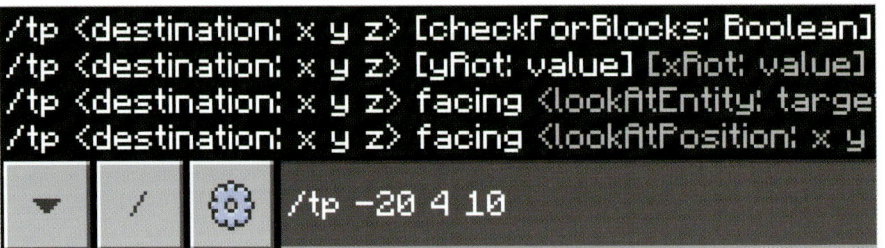

02 명령어 'fence'를 실행하여 울타리가 생기는지 확인해요.

 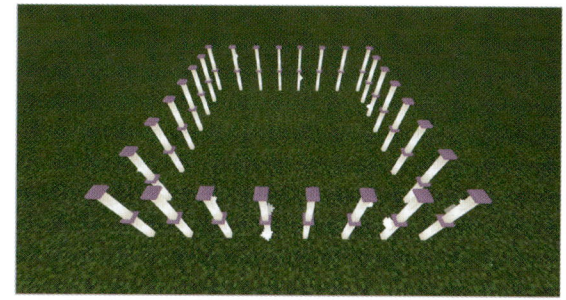

03 울타리 안에 들어가 명령어 'animal'을 실행하여 동물들이 소환되는지 확인해요. 울타리를 빠져나갈 수 없는 동물들과 빠져나갈 수 있는 동물들을 확인해요. 명령어를 여러 번 입력하면 더 많은 동물들이 소환돼요.

더 나아가기

1 빌더 블록을 활용해서 엔더 막대 울타리를 포함하는 참나무 울타리를 만들어보세요. 그리고 엔더 막대 울타리 안에 동물들을 소환해서 동물들의 움직임을 관찰해보세요.

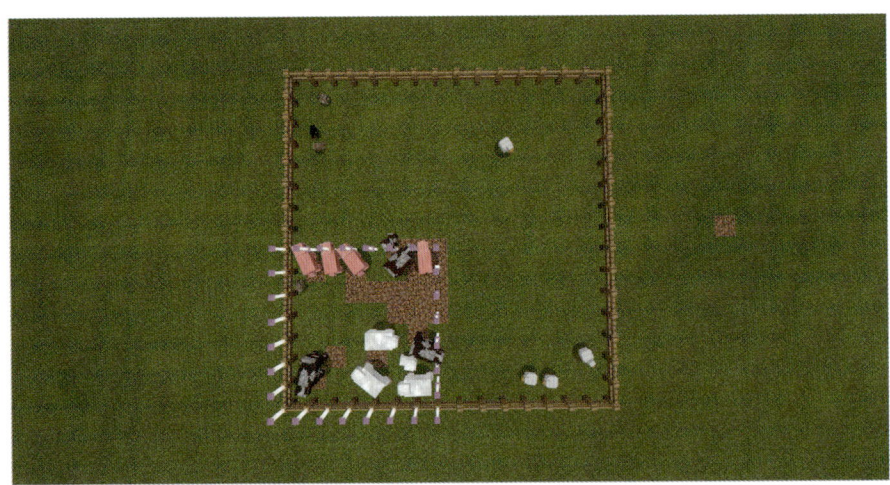

2 울타리의 모양이 정사각형이 아닌 직사각형 모양으로 만들어지도록 코드를 수정해보세요.

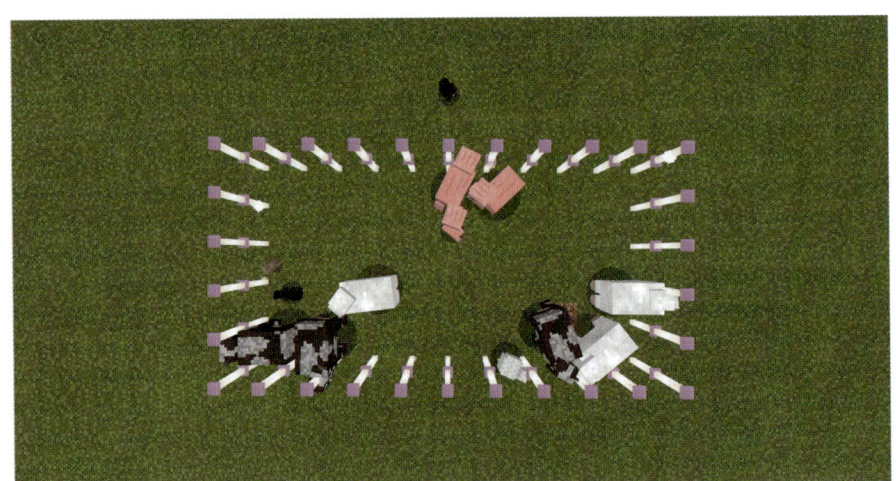

코딩 실습 06 승마 체험장

- **핵심 개념** 빌더
- **게임 환경** 크리에이티브 모드, 잔디맵
- **사용 코드** 위치마크 생성, 빌더 이동 방향, 빌더 위치마크부터 이동한 경로에 블록 놓기
- **활동 내용** 빌더로 울타리를 만들고 울타리 안에서 말을 탄다.
- **학습 목표** 빌더 코드를 활용하여 원하는 모양의 구조물을 만들 수 있다.

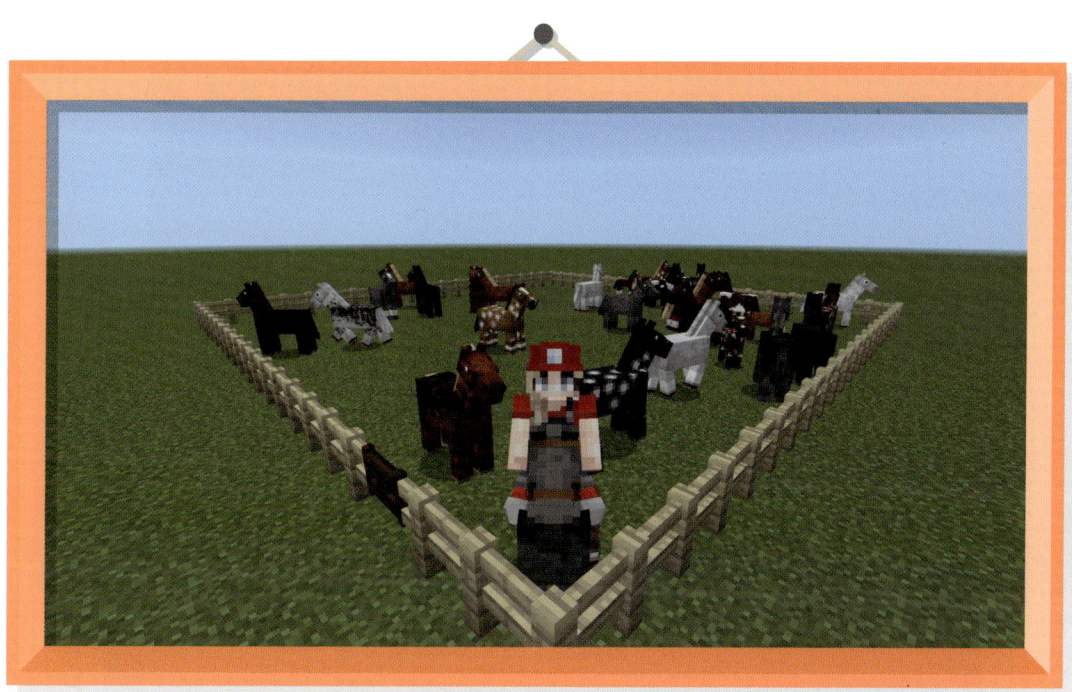

빌더는 에이전트와는 다르게 눈에 보이지 않지만,
에이전트보다 빠르게 블록을 쌓을 수 있어요.
빌더는 눈에 보이지 않기 때문에 기준점인 위치마크를 두고 블록을 쌓기 시작해요.
빌더를 활용해서 여러분이 원하는 모양의 구조물을 만들어봅시다.

 ## 실행 결과 관찰하기

자작나무 울타리와 참나무 울타리 문으로 이루어진 승마 체험장을 만들어요. 참나무 울타리 문을 열고 들어가서 마음에 드는 말을 탈 수 있어요. 승마 체험장이 어떻게 만들어지는지 영상으로 관찰해봅시다.

Note **영상 확인** 유튜브에 '메만마테'를 검색하거나 QR 코드로 접속하세요.

승마 체험장을 위에서 바라본 모습을 좌표평면에 표시하면 아래와 같아요.

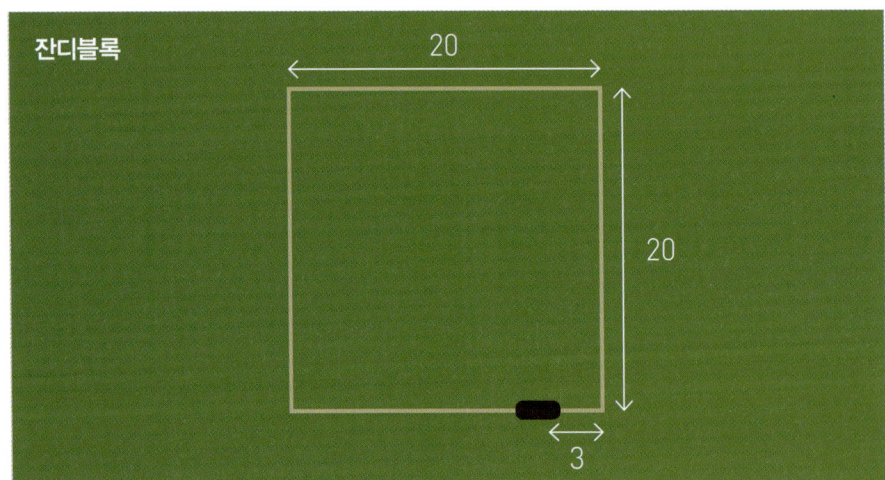

실행 순서 정리하기

실행 영상에서 관찰한 대로 실행 순서를 정리해요. 빌더는 눈에 보이지 않지만 유리 블록으로 대신해 빌더의 움직임을 상상해볼 수 있어요.

01 채팅창에 명령어 'fence'를 입력해요.

02 빌더가 플레이어 위치 ~0 ~0 ~0 로 텔레포트해요.

03 빌더 위치마크를 생성해요.

04 빌더가 앞으로 20만큼 이동하고 왼쪽으로 돌아요.

05 다시 빌더가 앞으로 20만큼 이동하고 왼쪽으로 돌아요.

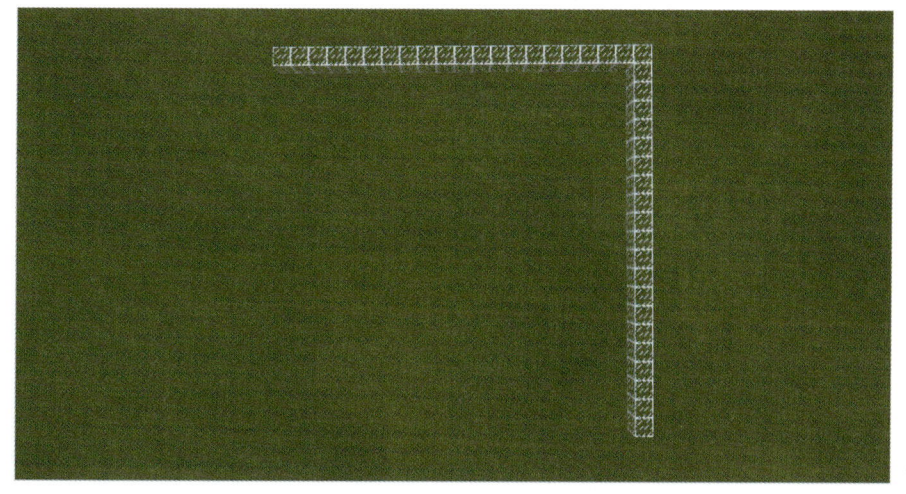

06 다시 빌더가 앞으로 20만큼 이동하고 왼쪽으로 돌아요.

07 다시 빌더가 앞으로 20만큼 이동하고 왼쪽으로 돌아요.

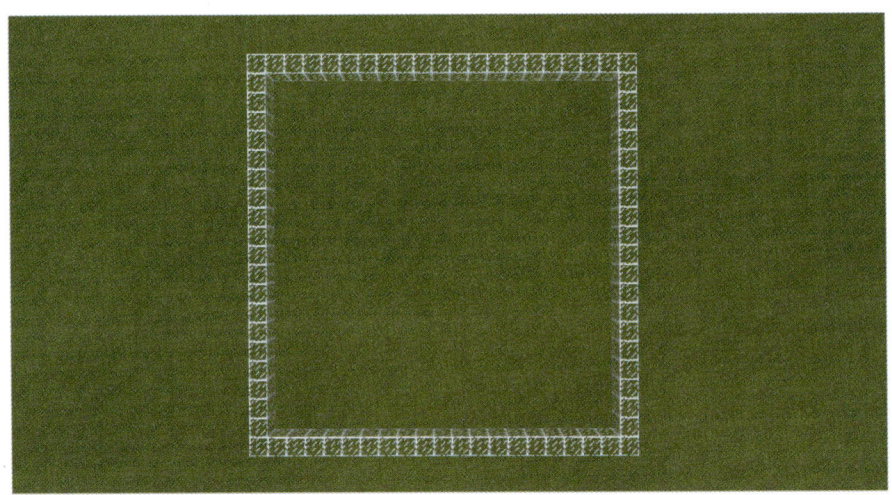

08 빌더가 위치마크부터 이동한 경로에 자작나무 울타리 블록을 놓아요.

09 빌더가 왼쪽으로 3만큼 이동해요.

10 빌더가 어두운 참나무 울타리 문 블록을 놓아요.

11 채팅창에 명령어 'horse'를 입력해요.

12 말이 플레이어 위치에 소환돼요.

Note 원하는 마리 수만큼 코드를 복사해서 붙여넣기 해도 좋아요.

메이크코드로 표현하기

제시된 카테고리와 코드를 참고하여 정리한 실행 순서에 맞게 메이크코드로 표현해요.

어렵지 않아요!

빌더 위치마크를 생성해요.
빌더가 앞으로 **20**만큼 이동하고
왼쪽으로 돌아요.

```
빌더 위치마크 생성
빌더 이동 방향 앞으로 ▼ 거리 20
빌더 돌기 왼쪽 ▼
```

실행하기

 -25 0 28

01 Enter 키를 누르고 텔레포트 명령어를 입력하여 승마 체험장을 만들 장소로 텔레포트해요.

02 명령어 'fence'를 입력하고 울타리가 생기는지 확인해요.

03 울타리 문 앞으로 가면 마우스 오른쪽 버튼을 눌러 울타리 문을 열 수 있어요. 울타리 안으로 들어가 명령어 'horse'를 입력해서 말이 소환되는지 확인해요.

실행하고 수정하기

코드를 실행해보고 제대로 실행되지 않는 부분을 찾아 코드를 수정해요.

울타리 문이 다른 위치, 다른 방향으로 생겨요!

빌더가 네 번째로 20만큼 이동한 다음에 빌더가 왼쪽으로 도는 코드가 있어야 해요. 빌더의 방향에 따라 블록의 방향도 바뀌기 때문이에요.

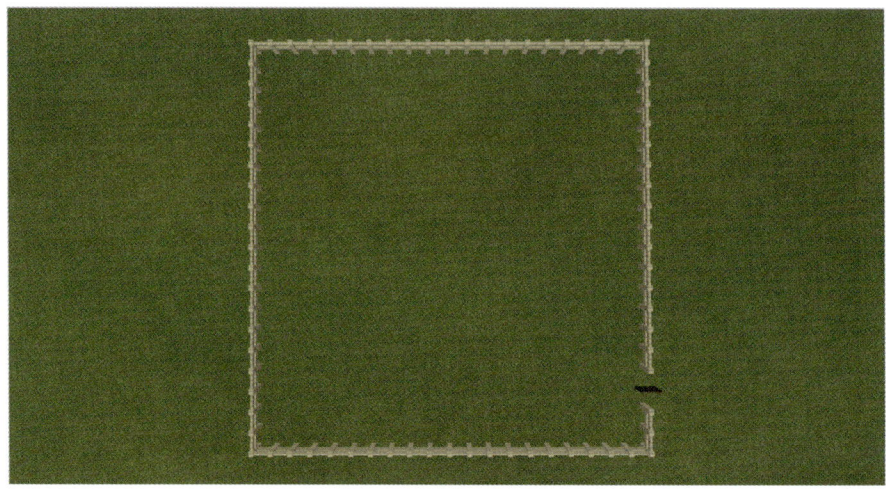

왼쪽 코드처럼 작성했다면 오른쪽 코드처럼 바꾸어서 실행해보세요.

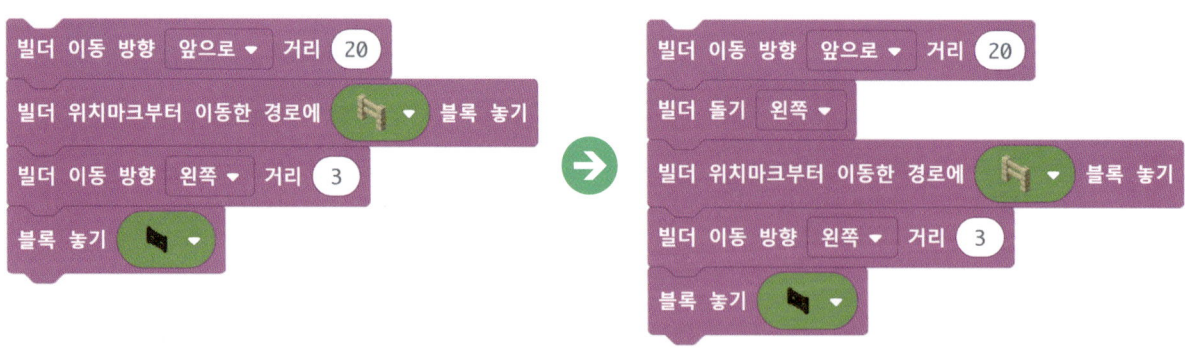

실행 후 설정하기

완성한 코드를 실행한 후에 아래와 같이 실행해야 승마를 체험할 수 있어요.

말 타기

01 E키를 눌러 안장을 찾아 플레이어의 아이템 슬롯으로 가져와요.

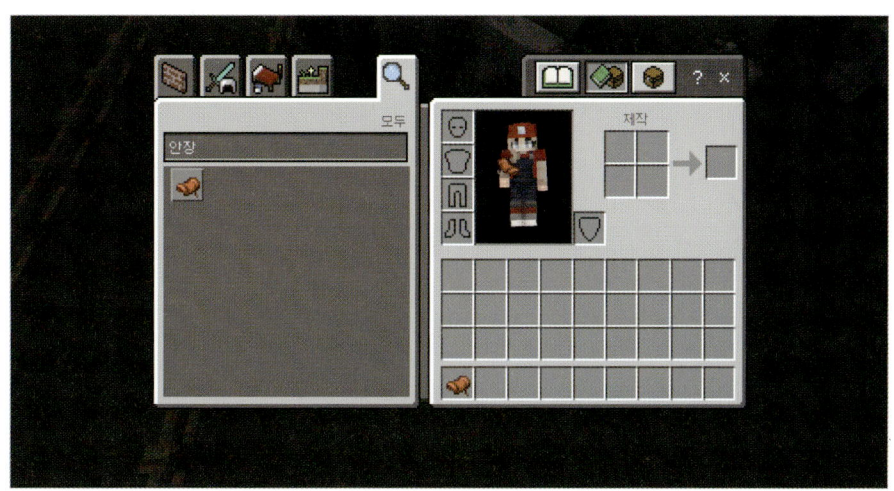

02 마음에 드는 말을 하나 골라 마우스 오른쪽 버튼을 클릭해서 올라타요.

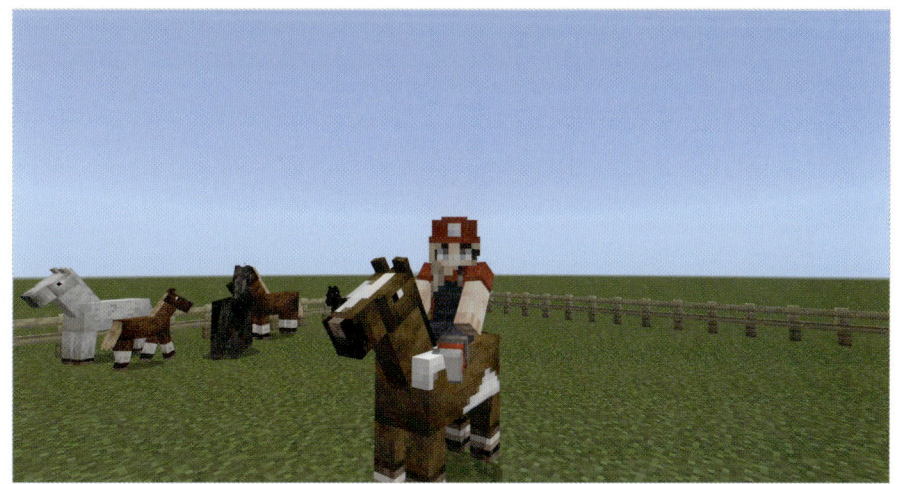

03 말이 플레이어를 거부하면서 땅으로 떨어뜨려도 계속 시도해요.

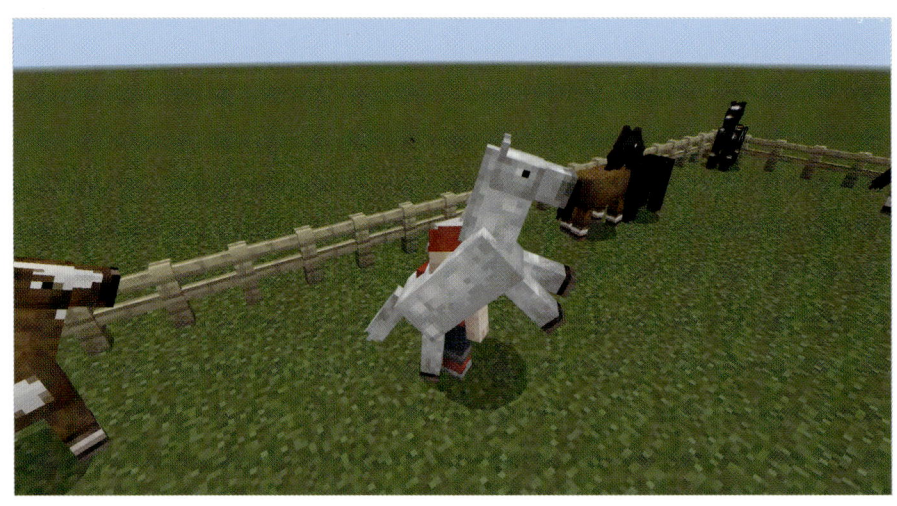

04 말을 타고 조금 지나면 말이 하트로 플레이어에게 호감을 표시해요.

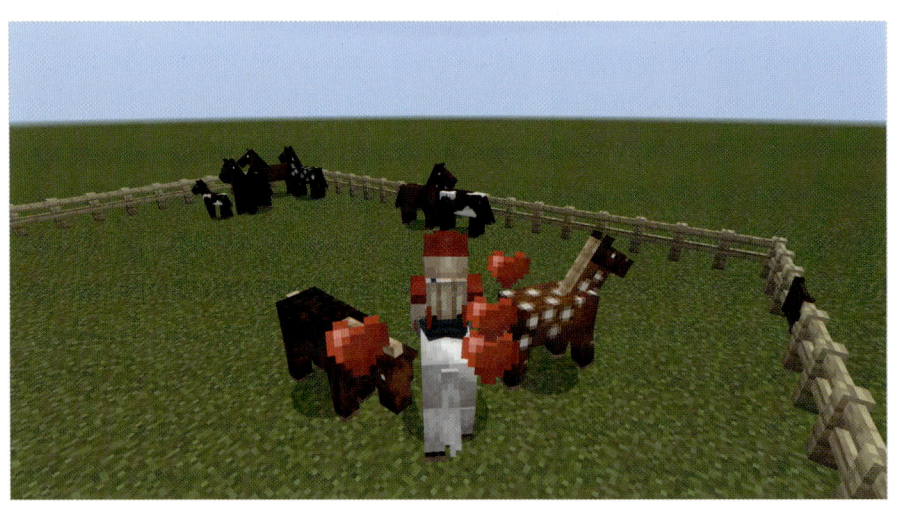

05 말을 탄 채로 E키를 눌러 아이템 슬롯을 열고 안장을 말에 끼워요.

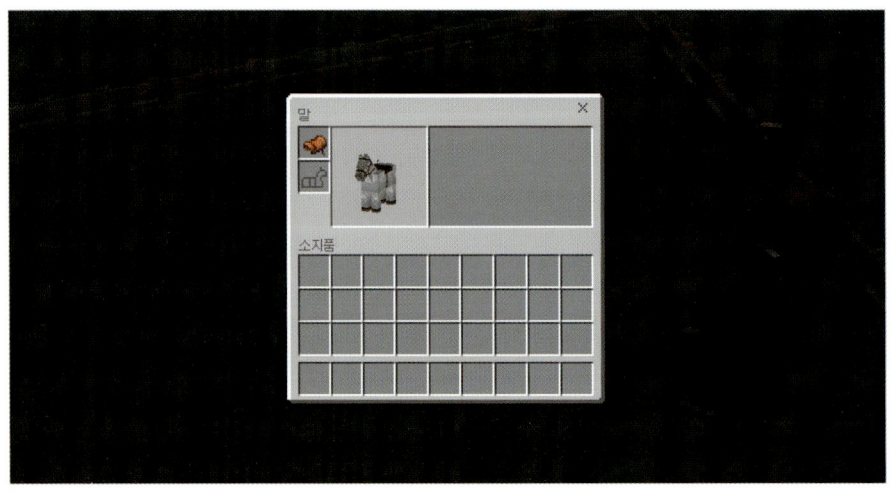

06 안장을 끼우고 나면 플레이어를 방향키로 조종한 것처럼 말을 움직일 수 있어요.

더 나아가기

빌더의 위치마크를 활용하면 구조물을 빠르고 효율적으로 만들 수 있어요. 울타리를 두 겹으로 만들어 그 사이의 트랙에서 말과 함께 거닐어보세요.

모양

07강 ▶ 명사수의 양궁장 + 08강 ▶ 열대어 분수대

★ 개념 설명 ★
07 명사수의 양궁장

- **핵심 개념** 모양
- **게임 환경** 크리에이티브 모드, 잔디맵
- **사용 코드** 원 모양 만들기, 선 모양 만들기
- **활동 내용** 점수마다 다른 색깔의 과녁을 만들고 활을 쏘아 점수를 확인한다.
- **학습 목표** 중심 좌표가 같고 반지름이 다른 여러 개의 원 모양 구조물을 만들 수 있다.

밑동만 남은 나무의 나이테를 본 적이 있나요?
중심은 같고 바깥쪽으로 갈수록 띠가 점점 커지는 모양이에요.
네모로 가득한 마인크래프트 세계에서도 나이테처럼
다양한 크기의 원 모양으로 블록을 놓아 구조물을 만들 수 있어요.

몸풀기 : 원 모양으로 블록 놓기

메이크코드로 반듯한 구조물을 만들려면 블록 채우기 코드나 빌더로 충분해요. 하지만 동그란 원 모양으로 블록을 놓으려면 모양 카테고리의 코드가 필요해요. 모양 카테고리의 '원 모양 만들기' 코드를 사용하면 원하는 위치에 원하는 크기의 원을 만들 수 있어요.

▼ 고급 〉 ○ 모양 카테고리에서 알맞은 코드를 찾아 아래와 같이 작성해보세요. (횃불이 있는 부분을 유심히 보고 수정해보세요.)

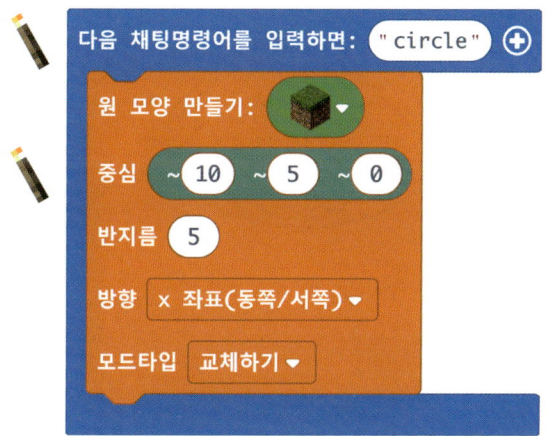

명령어를 입력하여 실행 결과를 확인해보세요.

| 실행 전 | 실행 후 |

관찰한 내용이 맞으면 O, 틀리면 X로 표시하고 올바른 설명이 되도록 고쳐보세요.

잔디 블록으로 이루어져 있어요. (O, X)

동전처럼 동그랗고 납작한 모양이에요. (O, X)

원의 정가운데 블록이 땅으로부터 열 칸 위에 있어요. (O, X)

알고가기

동그란 모양의 대표적인 음식으로는 피자가 있어요. 피자를 요모조모 뜯어보면서 원에 대해 알아봅시다.

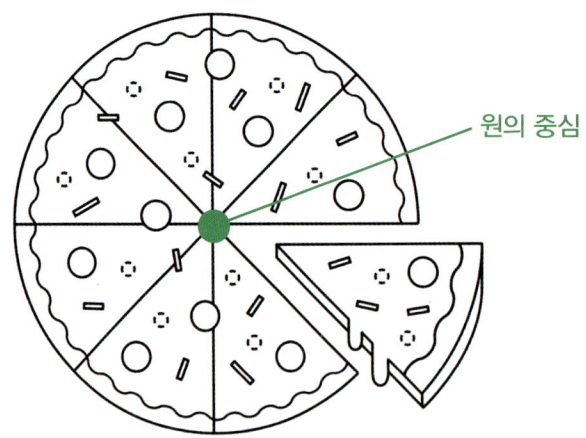

우리가 먹는 피자는 보통 가로, 세로, 대각선으로 잘라져요. 피자를 원이라고 할 때, 모든 잘린 선들이 지나는 정가운데 점을 원의 중심이라고 해요. 피자 조각들의 가장 뾰족한 부분이 모인 점이에요.

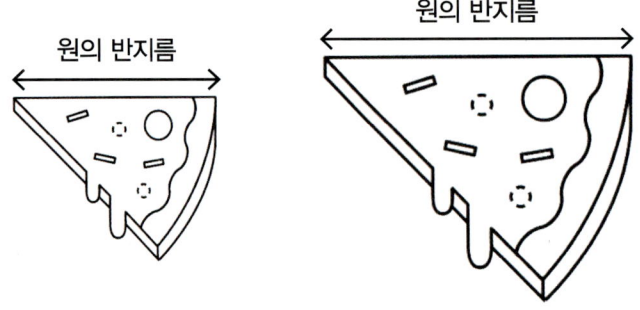

중심에서부터 피자 가장자리 빵 부분까지의 길이는 피자 한 판 중에서 어떤 조각을 집든 항상 같아요. 이 길이를 원의 반지름이라고 해요. 피자의 크기가 클수록 반지름도 커요.

코딩하기

양궁 시합을 보면 양궁 선수들이 발사대에서 알록달록한 과녁을 향해 활을 쏴요. 화살이 꽂힌 위치에 따라 점수가 정해지지요. 중심은 같고 반지름과 색깔이 다른 원을 여러 개 만들면 화살이 꽂힌 위치에 따라 점수를 매길 수 있는 과녁을 만들 수 있어요.

코딩 순서 정리하기

명령어 입력
▼
검은색 원 모양 만들기
▼
파란색 원 모양 만들기
▼
빨강색 원 모양 만들기
▼
노랑색 원 모양 만들기

명령어 입력
▼
발사대 만들기

과녁

01 명령어 입력 코드에 'target'를 입력해요.

02 　　　 카테고리의 '원 모양 만들기' 코드를 **01** 안에 끼워 넣은 다음 검은색 테라코타 블록으로 바꿔요. 중심은 ~10 ~5 ~0 으로, 반지름은 '5'로 바꿔요.

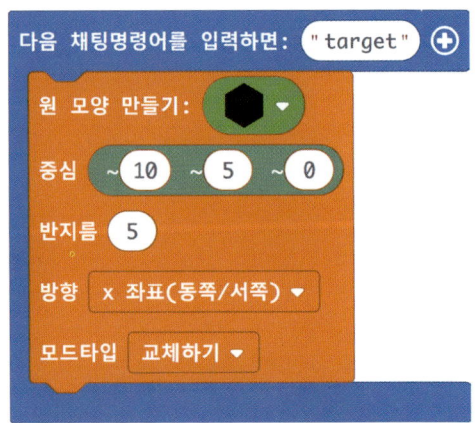

03 **02** 아래에 '원 모양 만들기' 코드를 연결해요. 밝은 파란색 테라코타 블록으로 바꾸고, 중심은 ~10 ~5 ~0 으로, 반지름은 '4'로 바꿔요.

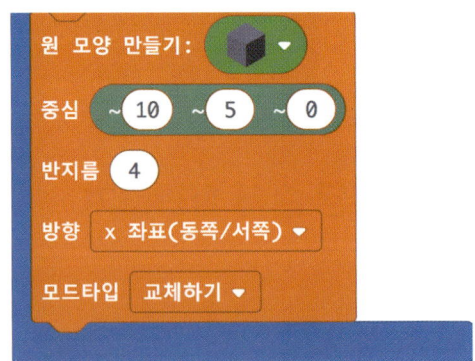

04 **03** 아래에 '원 모양 만들기' 코드를 연결해요. 빨간색 테라코타 블록으로 바꾸고, 중심은 ~10 ~5 ~0 으로, 반지름은 '3'으로 바꿔요.

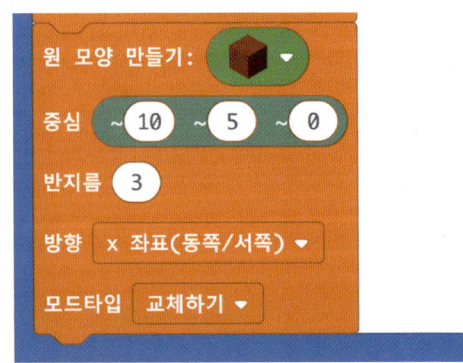

05 04 아래에 '원 모양 만들기' 코드를 연결해요. 노란색 테라코타 블록으로 바꾸고, 중심은 `~10 ~5 ~0`으로, 반지름은 '1'로 바꿔요.

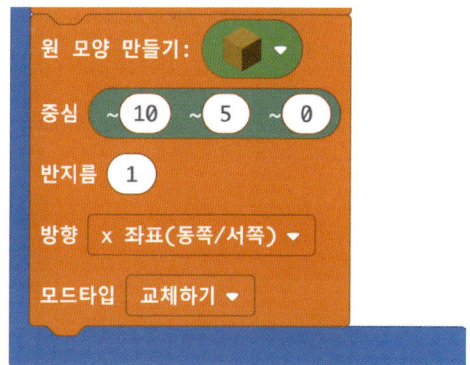

> **Note** 코드를 복사한 다음, 수정해서 연결하면 더 빠르게 코딩할 수 있어요.

발사대

01 명령어 입력 코드에 'line'를 입력해요.

02 `○ 모양` 카테고리에서 '선 모양 만들기' 코드를 가져와 01 안에 끼워 넣어요. 흰색 카펫 블록으로 바꾸고 시작은 `~1 ~0 ~0`, 끝은 `~10 ~0 ~0`으로 입력해요.

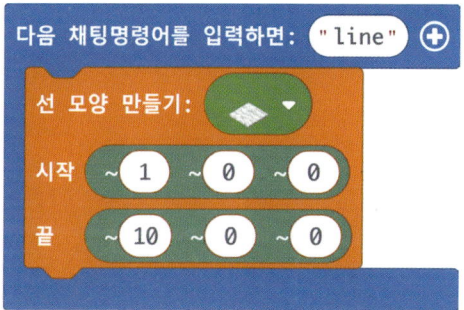

실행하기

 **45 0 5**

01 Enter 키를 누르고 텔레포트 명령어를 입력하여 과녁을 만들 장소로 텔레포트해요.

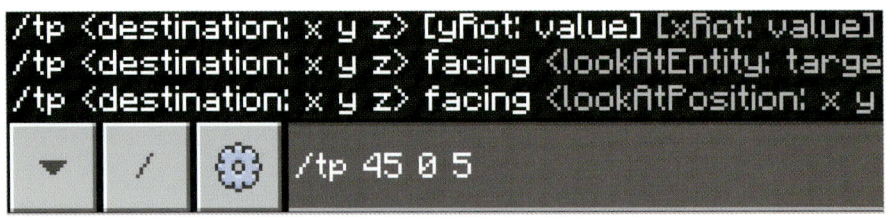

02 명령어 'line'을 입력하고 연이어 명령어 'target'를 입력해요.

03 과녁과 발사대가 완성되었다면, 백과사전을 열어 활과 화살을 장착해요. 활이 있는 슬롯을 번호 키로 선택한 다음, 마우스 오른쪽 버튼을 길게 눌렀다가 떼면 화살을 쏠 수 있어요. 흰색 발사대 위에서 활을 쏴 보세요. 열 발을 쏘고 난 다음 화살이 꽂힌 위치에 따라 노란색은 10점, 빨간색은 8점, 파란색은 6점, 검은색은 4점으로 하고, 점수를 계산해보세요.

더 나아가기

1. 모든 '원 모양 만들기' 코드의 방향을 [x 좌표(동쪽/서쪽)] 에서 [y 좌표(위쪽, 아래쪽)] 로 바꾸어 실행해보세요.

2. 1번처럼 방향을 y 좌표로 바꾸고 아래와 같이 테라코타 블록 색깔마다 과녁의 중심을 차례대로 바꾸어 실행해보세요.

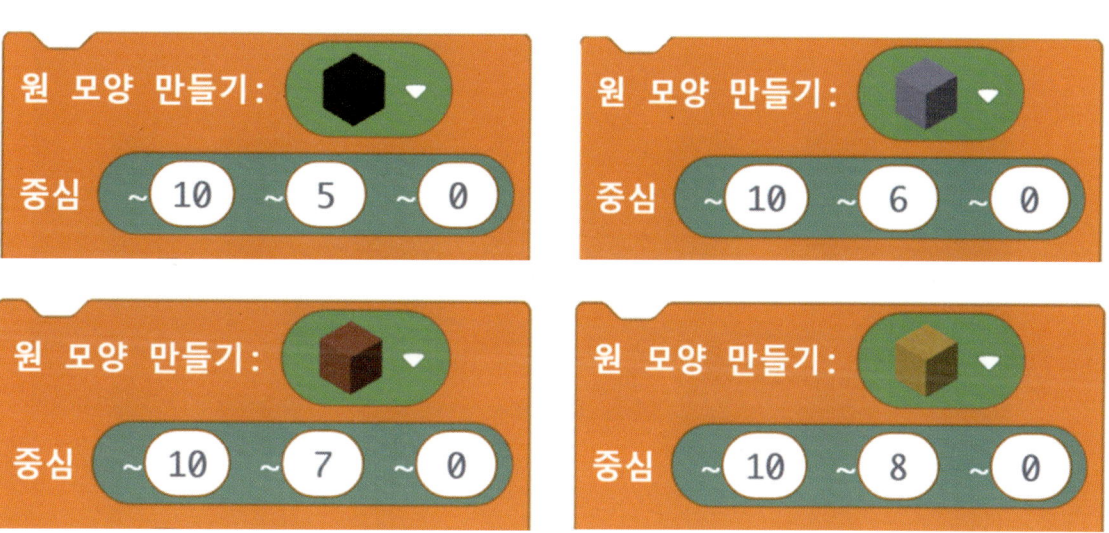

코딩 실습 08 — 열대어 분수대

- **핵심 개념** 모양
- **게임 환경** 크리에이티브 모드, 잔디맵
- **사용 코드** 원 모양 만들기, 선 모양 만들기
- **활동 내용** 분수대의 바닥, 층, 기둥을 만들고 꼭대기에서 물을 부어 분수대를 만든다.
- **학습 목표** 원 모양 만들기, 선 모양 만들기 코드를 활용하여 구조물을 만들 수 있다.

모양 카테고리의 선 모양 만들기, 원 모양 만들기, 공 모양 만들기 코드를 활용하면
네모로 가득한 마인크래프트 세상에서도 다양한 모양의 구조물을 쉽게 만들 수 있어요.
만들고 싶은 모양을 선, 원, 공 모양으로 쪼개어 생각하고 길이, 중심, 반지름을 정해서
여러분만의 멋진 건축물을 만들어봅시다.

실행 결과 관찰하기

테마파크 공원의 포인트인 분수대를 만들려고 해요. 석영 블록으로 하얗게 꾸며진 분수대에는 유유자적 헤엄치는 열대어도 보여요. 다양한 크기의 원 모양으로 분수대를 꾸밀 수 있을 것 같아요. 영상으로 어떻게 분수대가 만들어지는지 관찰해봅시다.

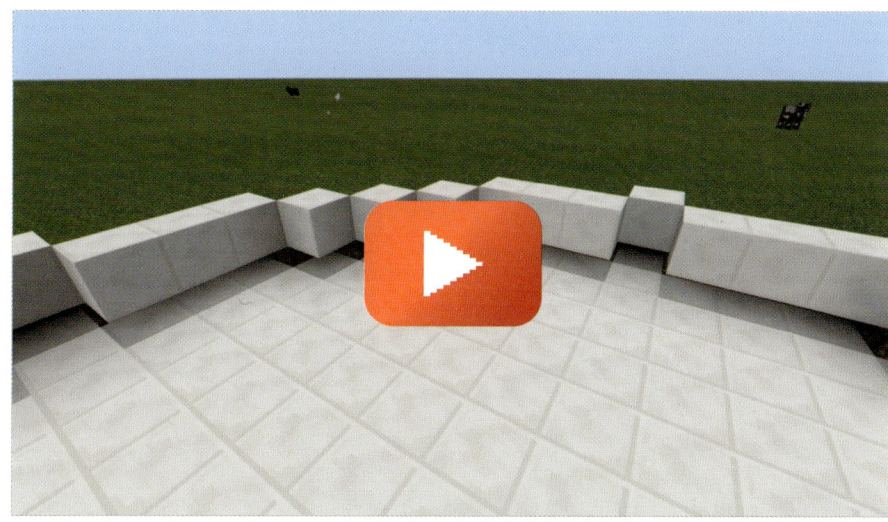

Note **영상 확인** 유튜브에 '메만마테'를 검색하거나 QR 코드로 접속하세요.

분수대 전체를 옆에서 바라본 모습을 좌표평면에 표시하면 아래와 같아요. 분수대가 만들어지는 순서를 괄호 안에 숫자로 적어보세요.

실행 순서 정리하기

실행 영상에서 관찰한 대로 실행 순서를 정리해요. 아래 단어 뭉치에서 적절한 단어를 골라 적거나 알맞은 숫자를 적어 설명을 완성하세요.

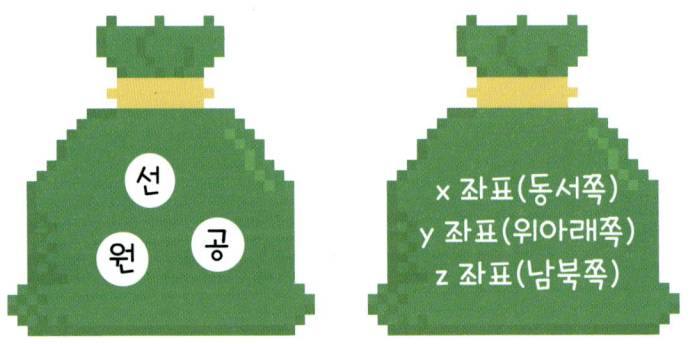

01 채팅창에 명령어 'water'를 입력해요.

02 플레이어의 바로 아래 좌표인 (~0, ~   , ~0)을 중심으로, 반지름은 8인 ⬤ 모양의 석영 판이 y 좌표(위쪽, 아래쪽) 방향으로 교체되어 생겨나요.

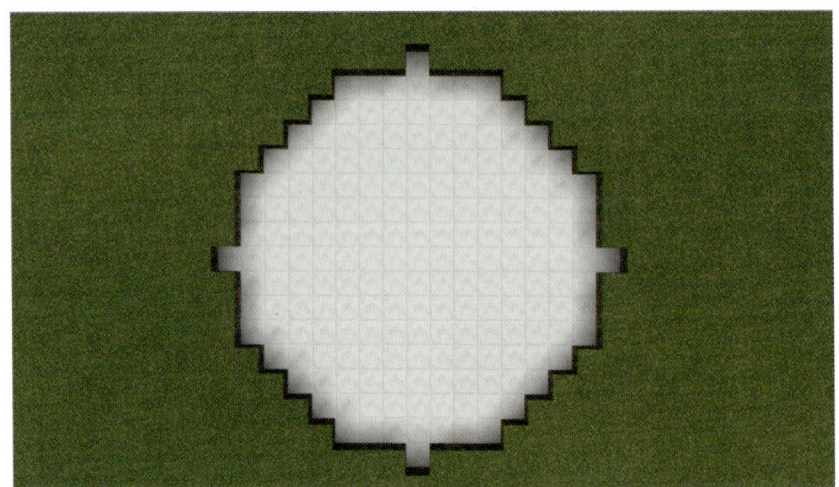

03 플레이어보다 한 칸 위의 좌표인 (~0, ~　, ~0)을 중심으로, 반지름은 8인 　 모양의 석영 블록이 　 방향, 외곽선 모드 타입으로 생겨나요.

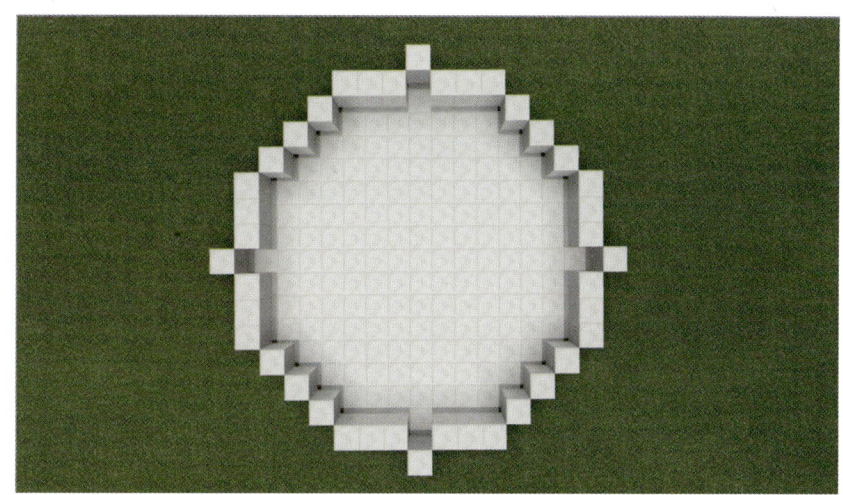

04 플레이어보다 일곱 칸 위의 좌표인 (~0, ~　, ~0)을 중심으로, 반지름은 1인 　 모양의 석영 판이 　 방향, 외곽선 모드 타입으로 생겨나요.

05 플레이어보다 네 칸 위의 좌표인 (~0, ~　　, ~0)을 중심으로, 반지름은 2인 　　 모양의 석영 판이 　　　　 방향, 외곽선 모드 타입으로 생겨나요.

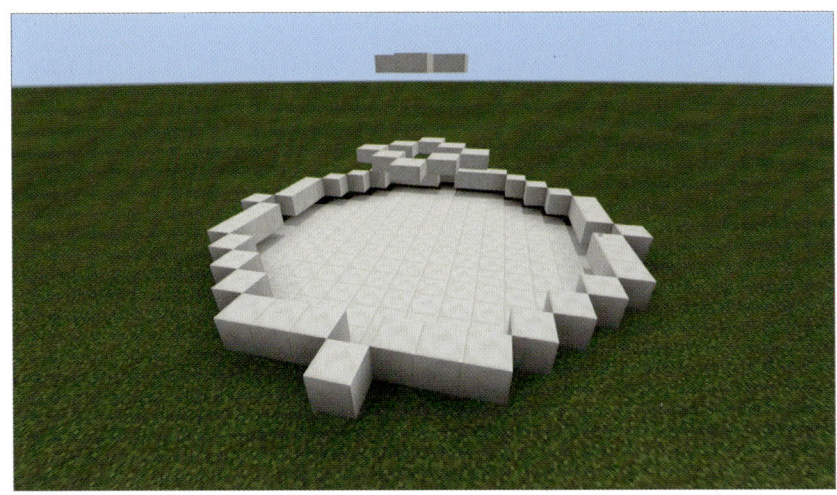

06 플레이어의 현재 좌표 (~0, ~0, ~0)에서 시작하여 여덟 칸 위의 좌표 (~0, ~　　, ~0)에서 끝나는 　　 모양의 석영 기둥 블록이 생겨나요.

07 지금 플레이어 위치에서 아홉 칸 위로 텔레포트해요.

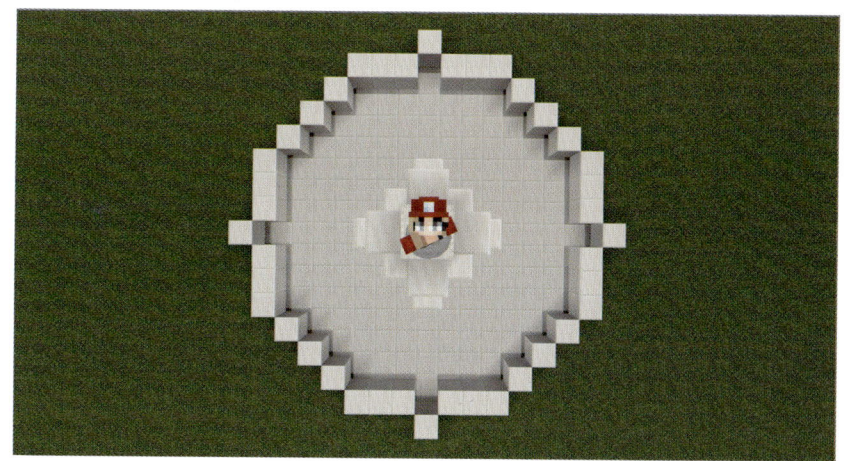

메이크코드로 표현하기

제시된 카테고리와 코드를 참고하여 정리한 실행 순서에 맞게 메이크코드로 표현해요.

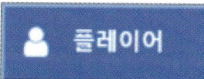 

💡 어렵지 않아요!

플레이어의 바로 아래 좌표인

(~0, ~-1, ~0)을 중심으로,

반지름은 **8**인

(**원**)모양의 석영 판이

(**y 좌표(위쪽, 아래쪽)**)방향으로

교체되어 생겨나요.

 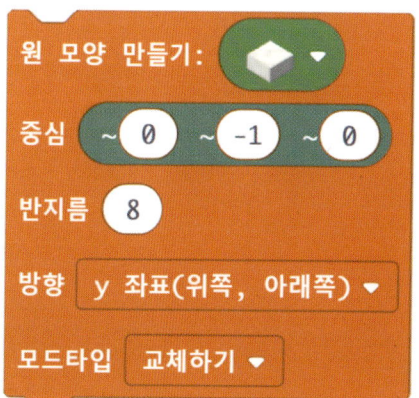

08강 열대어 분수대　**105**

 ## 실행하기

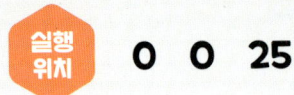 0 0 25

01 Enter 키를 누르고 텔레포트 명령어를 입력하여 분수대를 만들 장소로 텔레포트해요.

02 명령어 'water'을 입력해서 실행 결과를 확인해요.

실행하고 수정하기

코드를 실행해보고 제대로 실행되지 않는 부분을 찾아 코드를 수정해보세요.

평평한 원 모양이 아니라 두께가 있는 공 모양이 생겨요!

'공 모양 만들기'가 아닌 '원 모양 만들기'로 코드가 작성되어 있는지 확인해보세요.

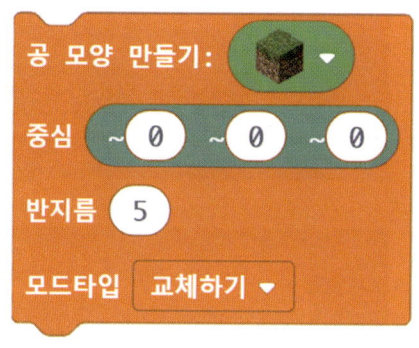 

관찰한 분수대의 모양과 약간 다르게 만들어졌어요!
(모양이 한 축에 정렬되어 있지 않아요!)

모양이 생성되는 데에는 시간이 조금 걸려요. 명령어를 입력하고나서 작성한 코드가 모두 실행될 때까지(석영기둥 블록 위로 텔레포트 될 때까지) 플레이어를 움직이지 말고 기다려보세요.

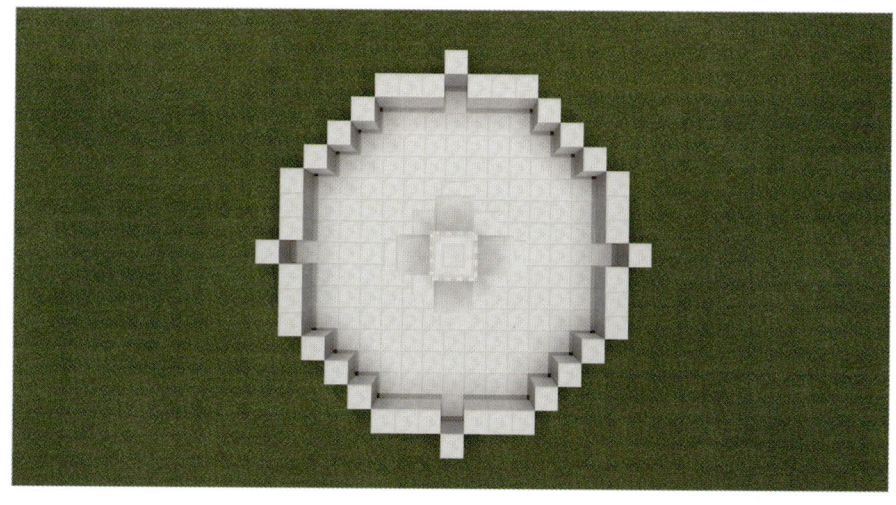

실행 후 설정하기

완성한 코드를 실행한 후에 아래와 같이 설정해야 열대어 분수대가 완성돼요.

열대어 양동이를 부어 열대어가 가득한 분수대 완성하기

01 E 키를 눌러 백과사전을 열어요.

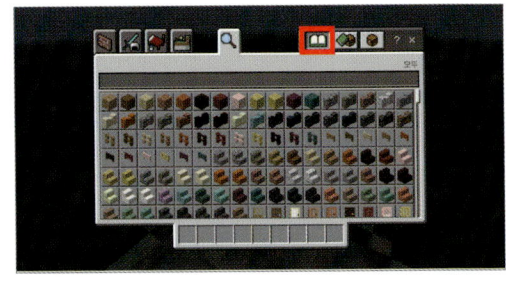

02 검색 창에 '열대어'를 입력해요.

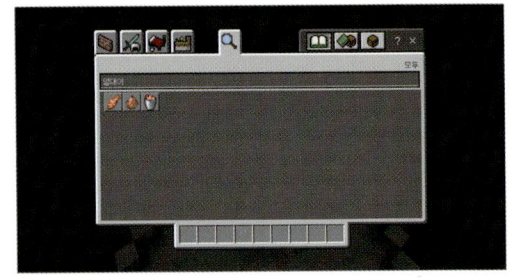

03 '열대어 양동이'를 클릭하고 플레이어의 슬롯으로 가져와 다시 클릭해요.

> **Tip** 양동이를 장착하고 마우스 오른쪽 버튼을 누르면 물을 부을 수 있어요. 양동이를 여러 번 부으면 헤엄치는 열대어도 그만큼 많아져요.

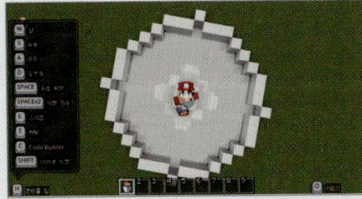  

원 모양, 선 모양 만들기 블록뿐만 아니라 공 모양 만들기 블록도 활용해서 여러분만의 분수대를 만들어보세요.

더 나아가기

분수대 벽이 낮아서 열대어가 분수 밖으로 튀어나가네요. 유리로 분수대 테두리를 한 칸 높여봐요.

1 석영 기둥의 맨 위에 서 주세요. 기둥을 중심으로 원을 그려야 하기 때문에 정확하게 기둥 위에 위치시켜요. 코드 빌더를 실행한 후 다음과 같은 코드를 만들어요.

Note 플레이어를 기준으로 7칸 아래에 원이 생깁니다.

2 채팅창에 'glass'를 실행해보세요.

3 분수대 테두리 위로 유리가 생겼어요.

4 분수대에 다양한 생물들을 추가해보세요.

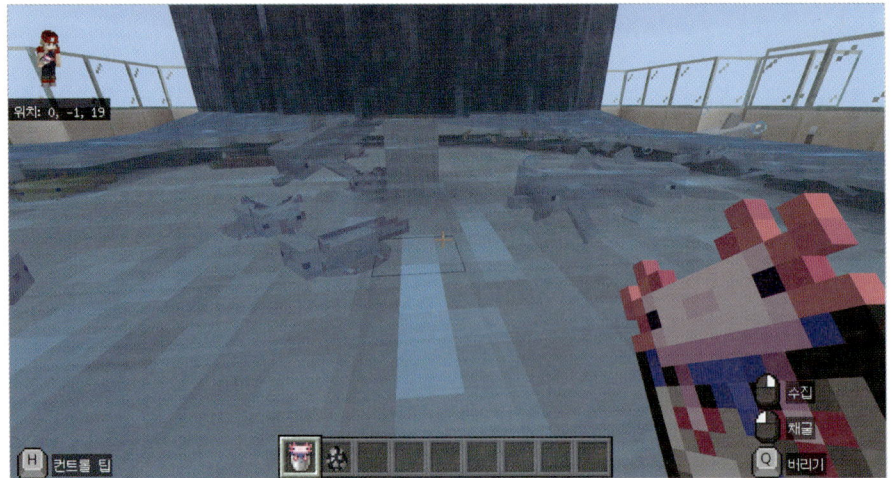

: 목차 :

기초 편

09	하트 로드	004
10	빽빽한 나무 숲	014
11	플라워 레일	028
12	비밀의 대나무 숲	040
13	잡초 뽑기	052
14	카운트다운 폭죽	061
15	멀리뛰기	070
16	호박 속 황금	079

순차

09강 ▶ 하트 로드 + 10강 ▶ 빽빽한 나무 숲

★ 개념 설명 ★
09 하트 로드

- **핵심 개념** 순차
- **게임 환경** 크리에이티브 모드, 잔디맵
- **사용 코드** 에이전트가 이동한 곳에 블록 놓기, 에이전트가 이동 방향 앞으로
- **활동 내용** 에이전트가 만든 길을 따라 걸으면 폭죽이 양쪽에서 쏘아 올려진다. 메시지를 보고 멈추면 하트가 나타난다.
- **학습 목표** 메시지 보여주기, 에이전트의 이동, 모양 만들기 등의 코드 실행이 순차적으로 이루어지는 작품을 만들 수 있다.

학기가 시작되면 하루에 어떤 과목의 수업이 진행되는지 수업시간표가 나와요.
1교시, 2교시, 3교시, … 이렇게 모든 수업을 마칠 때까지 순서대로 수업이 진행돼요.
여러분이 마인크래프트에서 작성한 코드도 시간표처럼 순서대로 실행돼요.
따라서 코딩을 할 땐, 실행 순서를 생각하면서 코드를 배치해야 해요.

몸풀기 : 동에 번쩍, 서에 번쩍 에이전트

메이크코드는 실행되는 순서가 정해져 있어요. 우리가 글을 읽듯이 한 줄, 한 줄, 위에서부터 아래까지 순서대로 코드를 실행해요. 어떤 카테고리의 코드인지 상관없이 모든 코드에 적용되는 규칙이에요. 에이전트는 어떤 순서대로 순간이동하는지 살펴봅시다.

★ 카테고리에서 알맞은 코드를 찾아 아래와 같이 작성해보세요. (모든 코드를 유심히 보고 수정해보세요.)

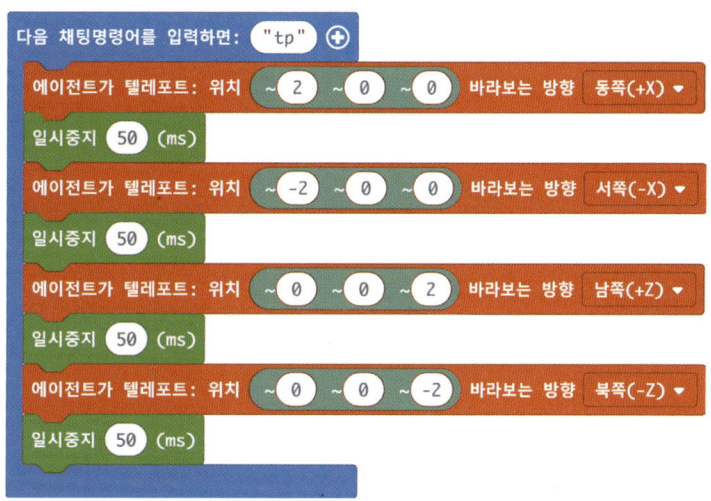

★ 명령어를 입력하여 실행 결과를 확인해보세요.

실행 전	실행 후

★ 관찰한 내용이 맞으면 O, 틀리면 X로 표시하고 올바른 설명이 되도록 고쳐보세요.

에이전트가 50ms마다 순간이동해요.　　　　　　　　　　　　　　　　(O, ×)

플레이어는 에이전트를 따라다녀요.　　　　　　　　　　　　　　　　(O, ×)

에이전트는 플레이어를 기준으로 동, 서, 남, 북 방향으로 순간이동해요.　　(O, ×)

Note) ms(밀리초)는 1초를 1000으로 나눈 시간 단위예요. 1초도 짧은데, 1ms는 정말 눈 깜짝할 새 같아요.

09강 하트 로드　005

알고가기

레스토랑에 코스 요리가 마련되어 있어요. 아래 코스 메뉴를 주문하면 5가지 요리가 한 접시씩 순서대로 나와요. 메인 요리를 먼저 먹고 싶어도 수프, 전채 요리, 샐러드를 모두 먹고 나서야 먹을 수 있답니다. 아래 코스 요리 메뉴를 보고 원하는 메뉴를 하나씩 고르세요. 그리고 요리가 나오는 순서를 적어보세요.

수프, 전채 요리, 샐러드, 메인 요리, 디저트 순서대로 배치되었는지 확인하세요. 요리는 앞 순서가 먼저 나오고, 손님이 맛있게 먹고 난 후에 다음 순서 요리가 나와요. 프로그램도 마찬가지로 우선으로 배치된 코드가 먼저 실행되고 나서 그 다음에 배치된 코드가 실행돼요. 이를 **순차**라고 해요.

코딩하기

에이전트를 따라가라는 메시지의 지시로, 흰색 카펫을 깔면서 앞으로 나아가는 에이전트를 따라가요. 플레이어가 움직이는 동안 양옆에서는 폭죽이 터져요. 다시 나온 메시지의 지시를 따라 잠시 멈추면 하트가 나타나요. 메시지 표시부터 에이전트 이동, 다시 메시지 표시, 하트 등장까지 순서대로 이루어져요.

코딩 순서 정리하기

플레이어가 걷고 있으면 실행
▼
플레이어의 왼쪽(-Z)에서 폭죽 발사
▼
플레이어의 오른쪽(+Z)에서 폭죽 발사

명령어 입력
▼
플레이어 앞으로 에이전트 텔레포트
▼
'에이전트를 따라가세요' 메시지 표시
▼
에이전트 이동한 곳에 블록 놓기
▼
에이전트가 25만큼 앞으로 이동
▼
'잠시 멈추세요' 메시지 표시
▼
0.5초 일시중지
▼
원 모양 만들기(빨간색)
▼
원 모양 만들기(공기)

폭죽 발사

01 [플레이어] 카테고리에서 '플레이어가 걷고 있으면 실행' 코드를 가져와요.

02 [몹] 카테고리에서 '소환(동물)를 위치' 코드를 01 안에 연결해요.

03 [몹] 카테고리에서 '마법 발사 (불 붙은 TNT)' 코드를 '동물' 대신 넣어요. '불 붙은 TNT'를 '폭죽 로켓'으로 바꿔요. 위치를 `~2 ~0 ~-4`으로 입력해요.

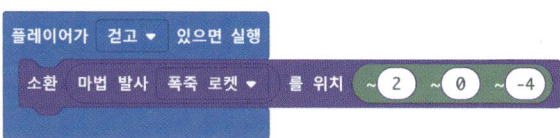

04 03의 코드를 복사해서 붙이고 위치를 `~-2 ~0 ~-4`으로 입력해요.

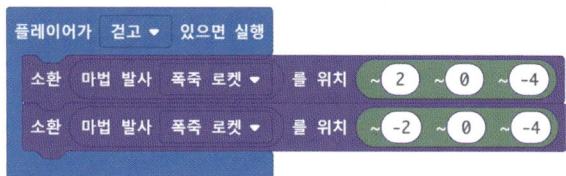

하트 로드

01 명령어 입력 코드에 'road'를 입력해요.

02 [에이전트] 카테고리에서 '에이전트가 텔레포트 : 위치 바라보는 방향' 코드를 가져와 01 안에 연결해요. 위치는 `~0 ~0 ~-3`로, 바라보는 방향은 '북쪽(-Z)'으로 바꿔요.

03 [게임플레이] 카테고리에서 '메시지 보여주기' 코드를 가져와 02 아래에 연결해요. 진한 글자에 '에이전트를 따라가세요'를 입력해요.

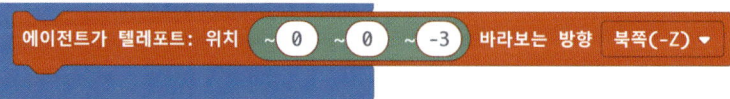

04 카테고리에서 '에이전트가 이동한 곳에 블록 놓기' 코드를 가져와 **03** 아래에 연결하고 '끄기'를 '켜기'로 바꿔요.

05 카테고리에서 '에이전트가 이동 방향 앞으로' 코드를 가져와 **04** 아래에 연결하고 거리는 '25'를 입력해요.

06 카테고리에서 '메시지 보여주기' 코드를 가져와 **05** 아래에 연결해요. 진한 글자에 '잠시 멈추세요'를 입력해요.

07 카테고리에서 '일시중지' 코드를 가져와 **06** 아래에 연결하고 시간은 '500(ms)'로 입력해요. (500ms는 0.5초, 다시 말해 1초를 반으로 나눈 시간이에요.)

08 카테고리에서 '원 모양 만들기' 코드를 가져와 **07** 아래에 연결하고 버섯 블록으로 바꿔요. 중심은 `0 4 -10`, 반지름은 '4'로 입력해요. 방향은 'z 좌표(남쪽/북쪽)'으로 바꿔요.

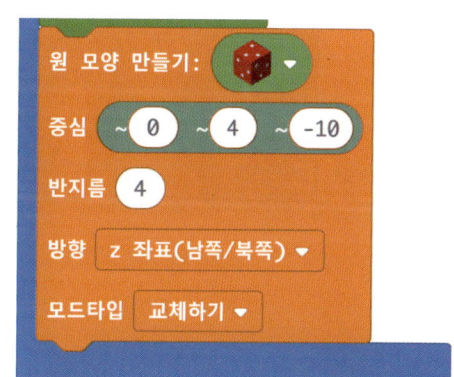

09 '원 모양 만들기' 코드를 가져와 **08** 아래에 연결하고 공기 블록으로 바꿔요. 중심은 `0 7 -10`로, 반지름은 '2'로 입력해요. 방향은 'z 좌표(남쪽/북쪽)'으로 바꿔요.

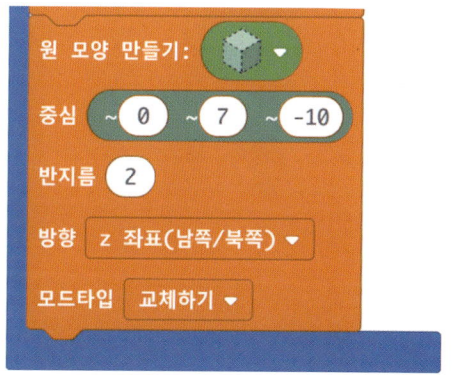

실행하기

01 Enter 키를 누르고 텔레포트 명령어를 입력하여 과녁을 만들 장소로 텔레포트해요.

02 채팅창에 아래 명령어를 입력하여 에이전트를 플레이어의 위치로 텔레포트시켜요.

/tp @c @s

> **Tip** 지금까지 우리가 학습한 텔레포트 명령어는 '/tp' 다음에 좌표를 써서 그 좌표로 플레이어를 순간이동하게 했어요. 그런데 여기서 등장한 텔레포트 명령어는 쓰임이 조금 달라요.
> '/tp @c @s' 명령어에서 '@'는 누구를 골라서 명령을 내릴지 알려주는 표시예요.
> 예를 들어 '@c'는 플레이어의 에이전트를, '@s'는 명령어를 실행하는 사람 즉, 플레이어 자신을 선택한다는 뜻이에요. 앞으로 자주 쓰게 될 명령어이니 잘 기억해주세요.

03 E 키를 눌러 백과사전을 열어요.

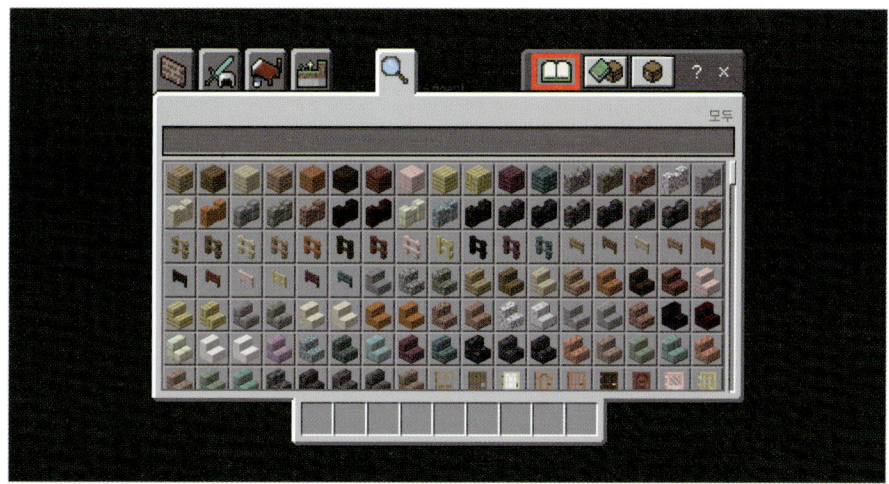

04 검색 창에 '카펫'을 입력해요.

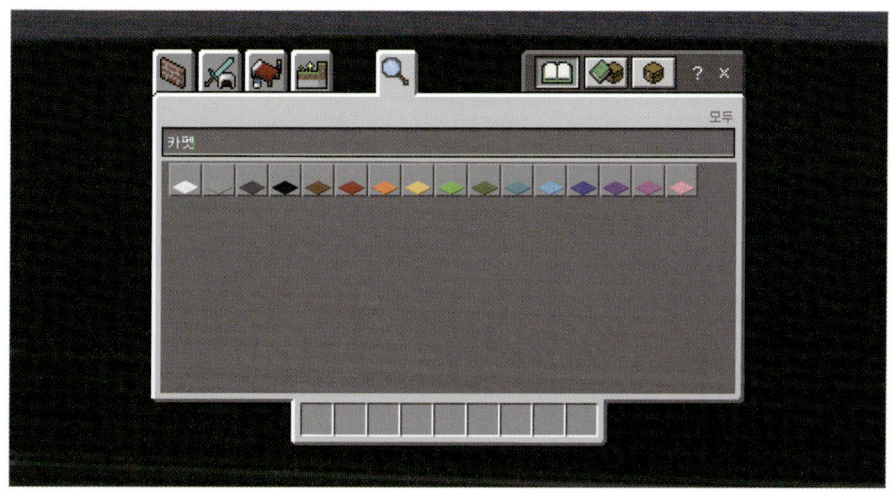

05 '흰색 카펫'을 클릭하고 커서를 옮겨 플레이어의 슬롯으로 가져와요.

06 창을 닫고 에이전트에 커서를 맞추고 마우스 오른쪽 버튼을 클릭해요.

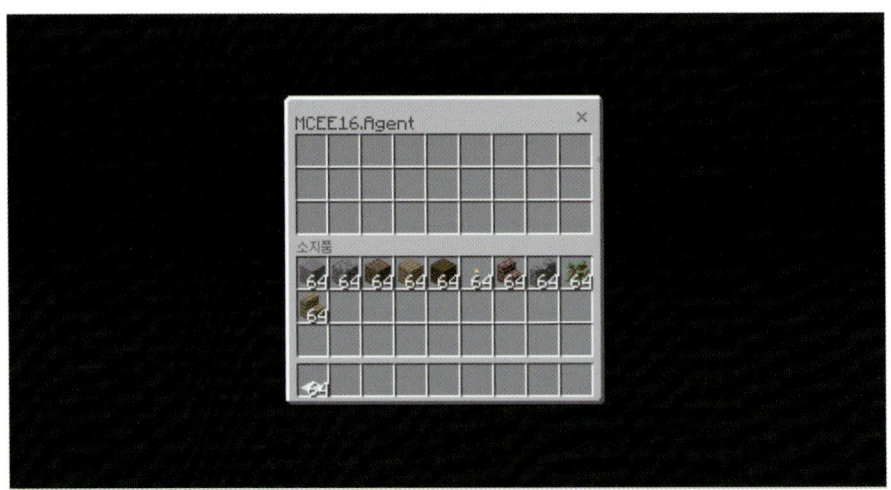

07 아이템 슬롯 창에서 플레이어에게 있는 '흰색 카펫'을 클릭하고 에이전트의 첫 번째 슬롯으로 커서를 옮겨 다시 클릭해요.

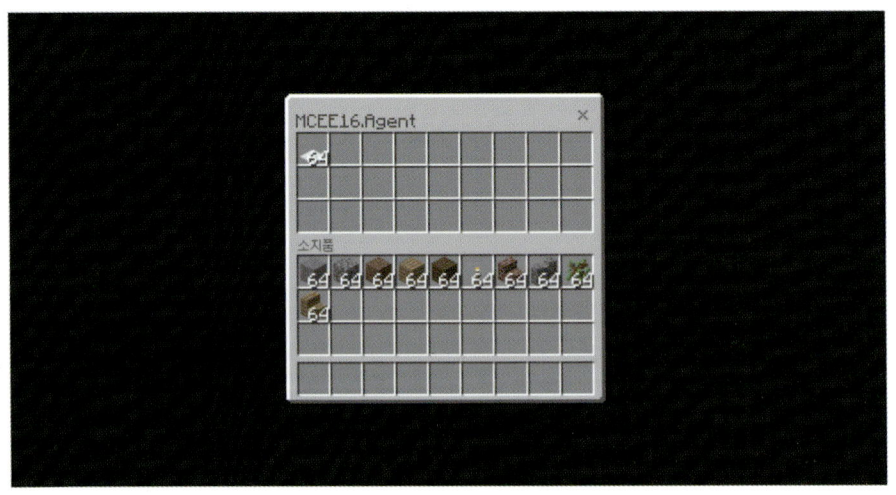

08 창을 닫고 명령어 'road'를 입력해 실행 결과를 확인해요.

더 나아가기

1 에이전트를 따라갔을 때, 하트가 아닌 케이크가 만들어지게 해 보세요. 또는 여러분만의 특별한 구조물이 나오도록 만들어 보세요.

2 플레이어가 에이전트를 따라가는 동안 플레이어 양쪽으로 폭죽이 터지는 것이 아니라, 돼지가 소환되도록 해 보세요.

코딩 실습 10
빽빽한 나무 숲

- **핵심 개념** 순차
- **게임 환경** 크리에이티브 모드, 잔디맵
- **사용 코드** 에이전트가 블록 놓기, 이동, 슬롯을 활성화
- **활동 내용** 에이전트가 일정 간격을 두고 나무 묘목을 심어 숲을 만든다.
- **학습 목표** 코드가 실행되어야 하는 순서대로 코드를 배치하고 순서에 맞게 실행시킬 수 있다.

에이전트는 생각하지 않고 명령 순서 그대로 수행하는 로봇 친구예요.
여러분은 에이전트가 수행할 명령을 순서대로 잘게 쪼개어
코드로 표현하는 역할을 맡고 있어요.
진짜 프로그래머처럼 순차적으로 생각해 보는 거예요.

 실행 결과 관찰하기

에이전트가 묘목 3개를 가지고 이동하면서 종류별로 심어 숲을 만들려고 해요. 묘목을 1, 2, 3번 슬롯에 넣어두고, 필요할 때마다 슬롯을 하나씩 활성화하여 꺼내 심어요. 에이전트가 묘목을 어떻게 심는지 영상으로 관찰해봅시다.

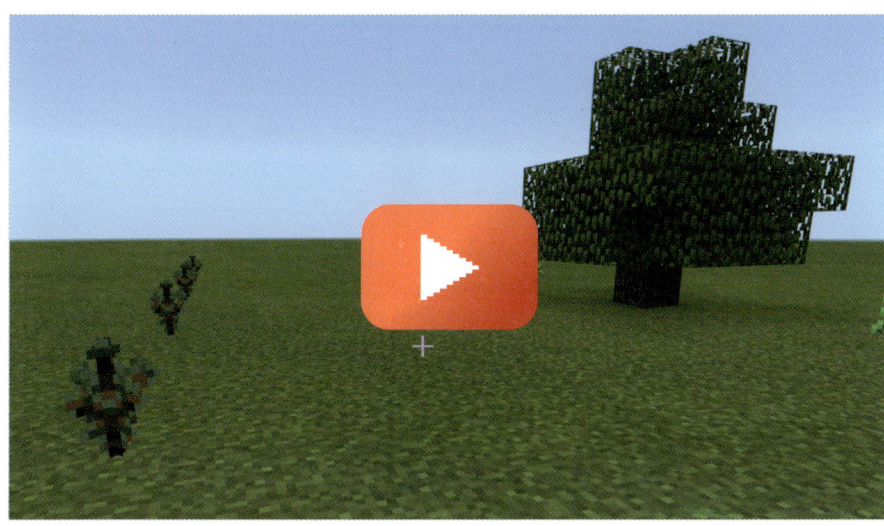

Note 영상 확인 유튜브에 '메만마테'를 검색하거나 QR 코드로 접속하세요.

묘목을 모두 심으면 위에서 바라본 모습은 아래와 같아요. 에이전트가 묘목을 심은 순서는 1부터 12까지 나타낼 수 있어요. 순서에 맞게 5~11을 괄호 안에 적어보세요.

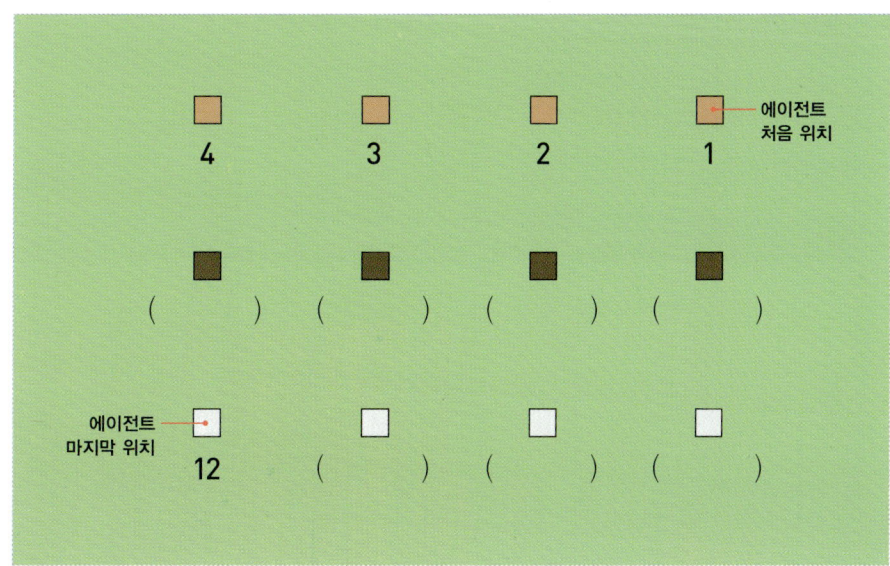

실행 순서 정리하기

실행 영상에서 관찰한 대로 실행 순서를 정리해요. 아래 단어 뭉치에서 적절한 단어를 골라 적거나 알맞은 숫자를 적어 설명을 완성하세요.

01 채팅창에 명령어 '1'을 입력해요.

02 에이전트가 플레이어에게 텔레포트해요.

03 에이전트가 1번 슬롯(참나무 묘목 블록)을 활성화하고 ⬚ 에 블록을 놓아요.

04 에이전트가 ⬚ 으로 5만큼 이동하고, 앞에 블록을 놓아요.

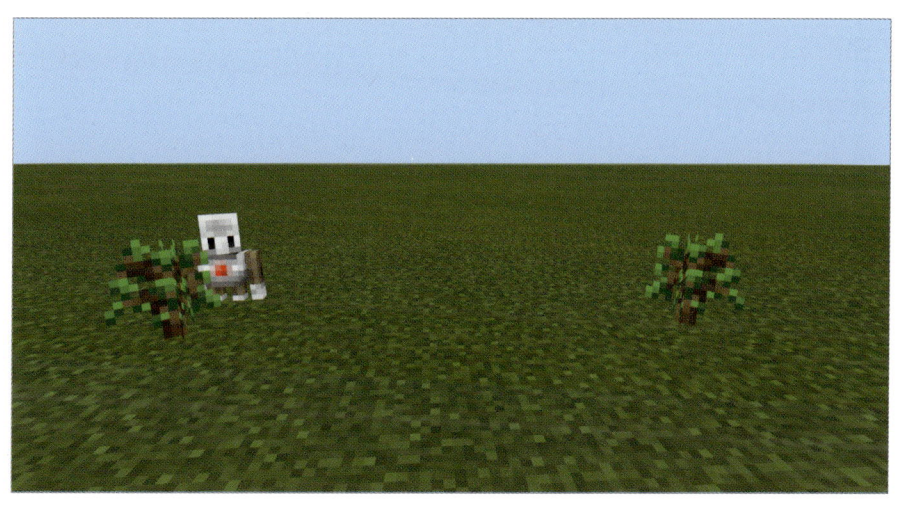

05 에이전트가 ⬚ 으로 5만큼 이동하고, 앞에 블록을 놓아요.

06 에이전트가 [　　] 으로 5만큼 이동하고 앞에 블록을 놓아요.

07 채팅창에 명령어 '2'를 입력해요.

08 에이전트가 2번 슬롯(전나무 묘목 블록)을 활성화하고, 에이전트가 [　　] 으로 10만큼 이동하고 앞에 블록을 놓아요.

09 에이전트가 ⬚ 으로 5만큼 이동하고, 앞에 블록을 놓아요. 그리고, 다시 에이전트가 ⬚ 으로 5만큼 이동하고, 앞에 블록을 놓아요. 다시 에이전트가 ⬚ 으로 5만큼 이동하고, 앞에 블록을 놓아요.

10 채팅창에 명령어 '3'을 입력해요.

11 에이전트가 3번 슬롯(자작나무 묘목 블록)을 활성화하고, 에이전트가 ⬚ 으로 10만큼 이동하고, 앞에 블록을 놓아요.

12 에이전트가 [　　　]으로 5만큼 이동하고, 앞에 블록을 놓아요. 그리고, 다시 에이전트가 [　　　]으로 5만큼 이동하고, 앞에 블록을 놓아요. 다시 에이전트가 [　　　]으로 5만큼 이동하고, 앞에 블록을 놓아요.

메이크코드로 표현하기

제시된 카테고리와 코드를 참고하여 정리한 실행 순서에 맞게 메이크코드로 표현해요.

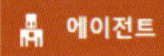

어렵지 않아요!

에이전트가 **2**번 슬롯을 활성화해요.
에이전트가 앞으로 **10**만큼 이동하고,
블록을 앞에 놓아요.
에이전트가 왼쪽으로 **5**만큼 이동하고
블록을 앞에 놓아요.

실행 전 설정하기

완성한 코드를 실행하기 전에 아래와 같이 설정해야 묘목을 심을 수 있어요.

에이전트 슬롯에 3개의 묘목 아이템 설정하기

01 E 키를 눌러 백과사전을 열어요.

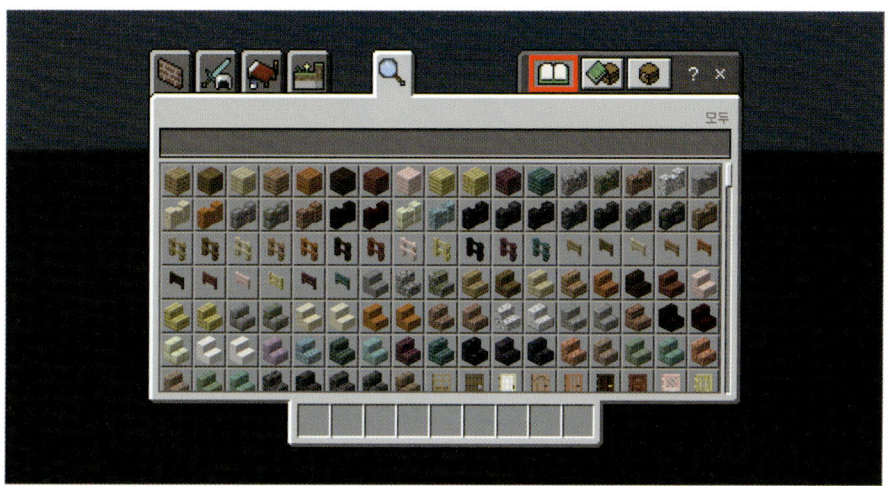

02 검색 창에 '묘목'을 입력해요.

> **Note** 플레이어의 아이템 슬롯에 있는 아이템을 제거하고 싶다면, 슬롯의 아이템을 클릭한 다음, 커서를 백과사전으로 옮겨 다시 클릭해요.

03 '참나무 묘목', '가문비나무 묘목', '자작나무 묘목'을 하나씩 플레이어의 슬롯으로 가져와요. 아이템을 클릭하고 커서를 옮겨 플레이어의 슬롯을 클릭해요.

04 에이전트를 플레이어의 위치로 텔레포트시켜요(/tp @c @s). 에이전트에 커서를 대고 마우스 오른쪽 버튼을 클릭해요.

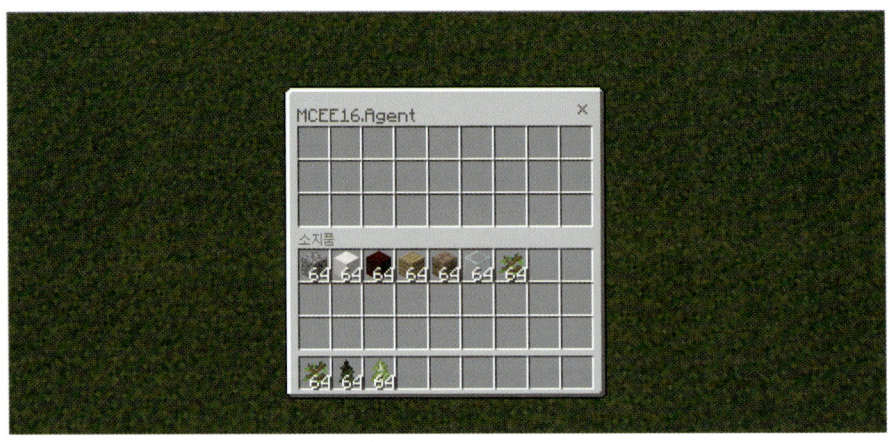

05 3가지 묘목 블록을 에이전트의 슬롯에 옮겨 참나무, 가문비나무, 자작나무 순서대로 장착해요.

 **실행하기**

 -67　0　-10

01 Enter 키를 누르고 텔레포트 명령어를 입력하여 분수대를 만들 장소로 텔레포트해요.

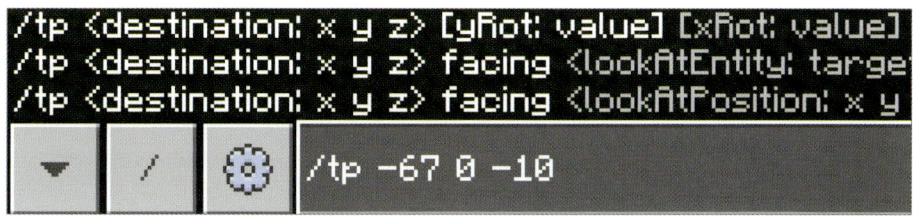

02 명령어 '1'을 입력해 실행 결과를 확인해요.

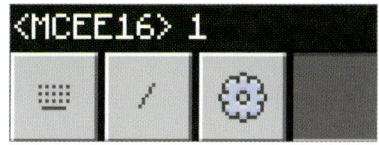

03 모두 실행된 후에 명령어 '2'를 입력해 실행 결과를 확인해요.

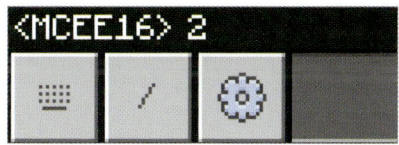

04 모두 실행된 후에 명령어 '3'을 입력해 실행 결과를 확인해요.

실행하고 수정하기

코드를 실행해보고 제대로 실행되지 않는 부분을 찾아 수정해요.

에이전트가 블록을 놓은 후 앞으로 이동하지 않아요. / 묘목이 아니라 목재 블록이 놓였어요.

에이전트의 슬롯에 있는 아이템이 묘목인지 확인해보세요. 참나무, 가문비나무, 자작나무 목재 블록은 나무가 될 수 없고, 에이전트가 블록 너머로 이동할 수도 없어요.

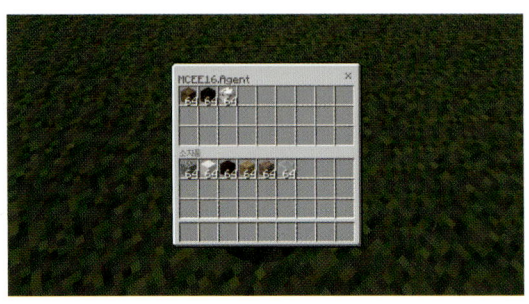 

에이전트가 지정한 위치에 묘목을 심지 않아요.

명령어 '1', '2', '3'을 한꺼번에 빠르게 입력하면 명령이 실행되고 있는 중에 다른 명령이 입력되어 에이전트가 혼란에 빠져요. '1'을 입력하고 모두 실행된 다음에 '2'를 입력해야 해요. 마찬가지로 2를 입력하고 모두 실행된 다음에 '3'을 입력하세요.

참나무, 가문비나무, 자작나무 묘목 블록뿐만 아니라 다른 나무 묘목, 꽃 아이템도 심어보세요. 순차를 활용하여 원하는 순서대로 심어 정원을 꾸밀 수 있어요.

> **Tip** 묘목은 시간이 지나면 나무로 성장해요. 묘목을 빨리 나무로 성장시키고 싶다면 뼛가루 아이템을 사용해요. 뼛가루 아이템을 백과사전에서 찾아 장착한 다음, 묘목에 대고 마우스 오른쪽 버튼을 누르면 뼛가루를 뿌릴 수 있어요.

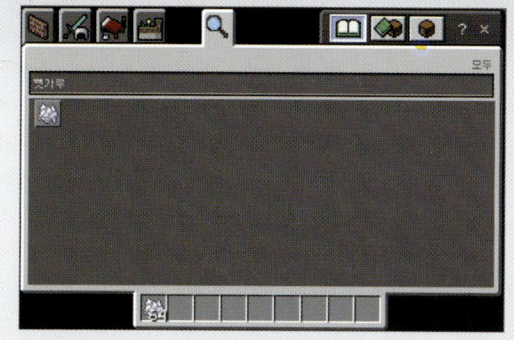 

기초편

반복

11강 ▶ 플라워 레일 + 12강 ▶ 비밀의 대나무 숲

개념 설명 11 플라워 레일

- **핵심 개념** 반복
- **게임 환경** 크리에이티브 모드, 잔디맵
- **사용 코드** 반복 실행, 에이전트가 이동, 회전
- **활동 내용** 에이전트가 만든 십자 모양 레일에서 플레이어가 수레를 타고 움직이면 꽃들이 나타난다.
- **학습 목표** 반복문을 활용하여 에이전트의 이동, 회전을 반복해서 실행할 수 있다.

새 학기가 되어 새 교과서를 받으면 가장 먼저 하는 일이 무엇인가요?
내 것임을 표시하기 위해 이름을 적지요. 몇 학년, 몇 반, 이름 등 똑같은 내용을 반복해서 적어요.
만약 이름을 적어야 하는 책이 100권을 넘으면 프린터로 이름표를 인쇄하는 것이 더 효율적일 거예요.
마인크래프트에서도 반복해서 실행해야 하는 코드가 있다면 반복문을 활용하여
코드를 간결하게 만들 수 있어요.

몸풀기 : 텃밭 경작하기

에이전트가 작은 텃밭을 경작하려고 해요. 경작은 땅을 갈아 농사에 적합하게 만드는 것이에요. 경작된 땅과 그렇지 않은 땅이 반복해서 번갈아 나오게 해봅시다.

⭐ 에이전트 반복 카테고리를 참고해서 블록을 찾아 아래와 같은 코드를 작성해보세요. (횃불이 있는 부분을 유심히 보고 수정해보세요.)

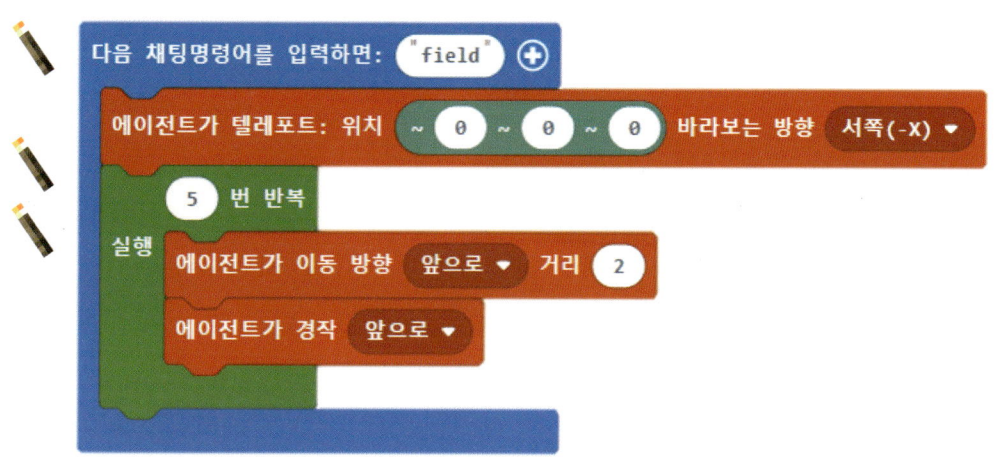

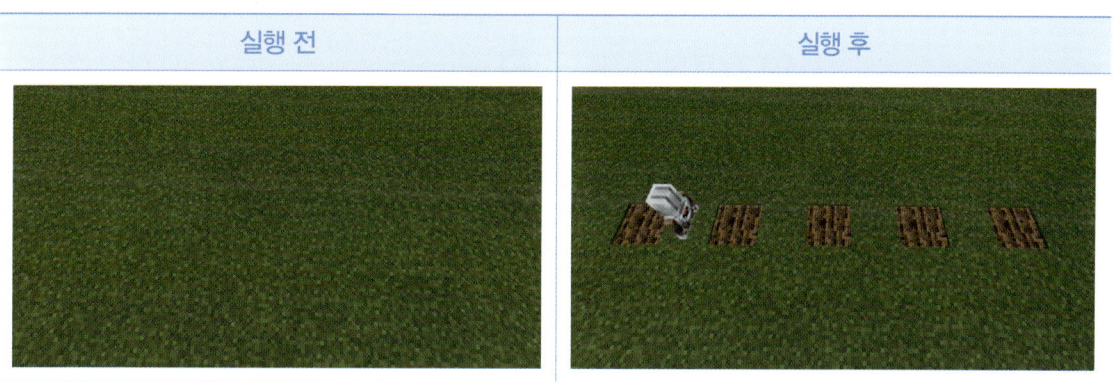

⭐ 관찰한 내용이 맞으면 O, 틀리면 X로 표시하고 올바른 설명이 되도록 고쳐보세요.

에이전트가 앞으로 2만큼 이동, 앞을 경작하는 명령을 5회 반복해요. (O, X)

경작된 땅 사이에 경작되지 않은 땅이 1칸 있어요. (O, X)

에이전트가 마지막으로 경작한 땅에 플레이어가 위치해요. (O, X)

알고가기

수타면으로 만든 자장면을 먹어본 적이 있나요? 수타면 전문점에 방문하면 반죽을 치대면서 면을 만드는 모습을 볼 수 있어요. 수타면을 만드는 요리사는 면을 늘리는 작업을 반복적으로 해요.

한 번 면을 늘릴 때마다 면의 가닥 수는 두 배로 늘어나요. 면은 한 가닥에서 두 가닥, 네 가닥, … 셀 수 없이 많은 가닥까지 늘어나요.

면 늘리기 작업을 반복했을 때

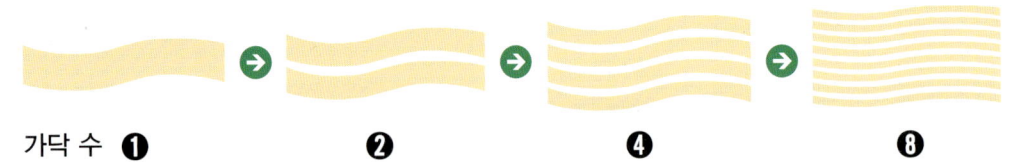

가닥 수 ❶   ❷   ❹   ❽

3회 반복했을 때 면은 8가닥으로 늘어났어요. 4회 반복했을 때 면은 몇 가닥일까요?

(   ) 가닥

6회 반복했을 때 면은 몇 가닥일까요?

(   ) 가닥

100가닥이 넘는 면을 만들고 싶다면 최소한 몇 번 반복해야 할까요?

(   ) 번

마인크래프트에서도 같은 명령을 되풀이해야 할 때 **반복**을 활용해서 표현할 수 있어요. 코딩결과를 예상해보고 어떤 명령을 몇 번이나 반복할지 고민해야 해요.

코딩하기

에이전트가 십(+)자 모양의 레일을 만들면 플레이어는 레일 위에서 수레를 타고 돌아다닐 수 있어요. 플레이어가 수레를 타고 있는 동안에는 알록달록한 꽃들이 위에서 뿌려져요.

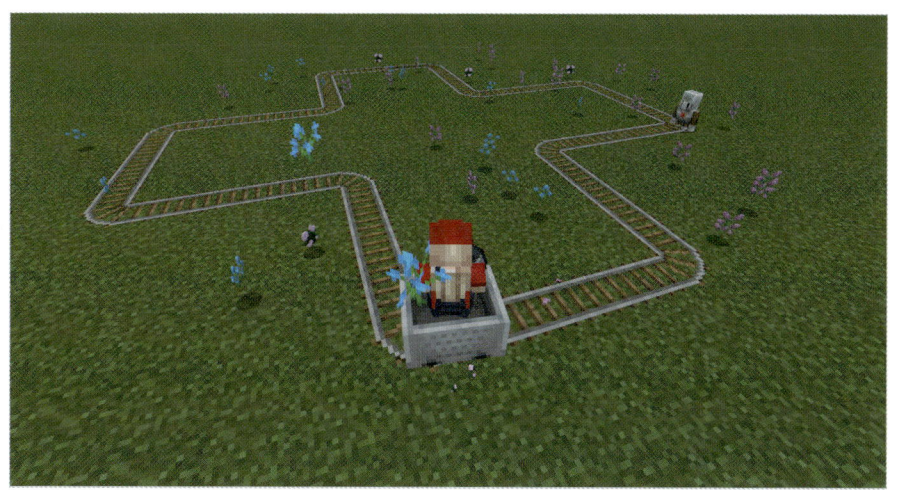

코딩 순서 정리하기

명령어 입력
▼
플레이어 위치로 에이전트 텔레포트
▼
에이전트 이동한 곳에 블록 놓기
▼
(4회 반복 시작) 에이전트 앞으로 5칸 이동
▼
에이전트 왼쪽으로 회전
▼
에이전트 앞으로 5칸 이동
▼
에이전트 오른쪽으로 회전
▼
에이전트 앞으로 5칸 이동
▼
(4회 반복 마지막) 에이전트 오른쪽으로 회전

플레이어가 타고 있으면 실행
▼
플레이어 한 칸 위, 한 칸 동쪽에 라일락 놓기
▼
플레이어 한 칸 위에 모란 놓기
▼
플레이어 한 칸 위, 한 칸 서쪽에 파란색 난초 놓기

레일을 만드는 에이전트

01 명령어 입력 코드에 'rail'를 입력해요.

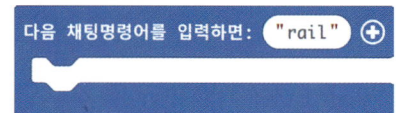

02 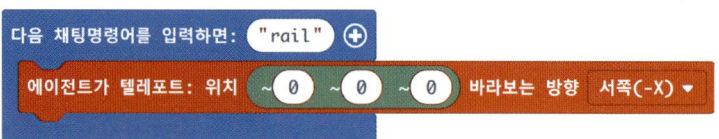 카테고리에서 '에이전트가 텔레포트' 코드를 01 안에 연결하고 바라보는 방향은 서쪽(-X)으로 바꿔요.

03 02 아래에 '에이전트가 이동한 곳에 블록 놓기' 코드를 연결하고 '켜기'로 설정해요.

04 03 아래에  카테고리에서 '( )번 반복 실행' 코드를 가져와 연결해요.

05 04 안에 '에이전트가 이동 방향 (앞으로) 거리' 코드를 연결하고 거리는 '5'로 입력해요.

06 05 아래에 '에이전트가 회전 (왼쪽)' 코드를 연결해요.

07 06 아래에 '에이전트가 이동 방향 (앞으로) 거리' 코드를 연결하고 거리는 '5'로 입력해요.

08 07 아래에 '에이전트가 회전 (왼쪽)' 코드를 연결하고 회전 방향을 '오른쪽'으로 설정해요.

09 08 아래에 '에이전트가 이동 방향 (앞으로) 거리' 코드를 연결하고 거리는 '5'로 입력해요.

10 09 아래에 '에이전트가 회전 (왼쪽)' 코드를 연결하고 회전 방향을 '오른쪽'으로 설정해요.

공중에서 뿌려지는 꽃

01 플레이어 카테고리에서 '플레이어가 (걷고) 있으면 실행' 코드를 가져오고 '타고'로 설정해요.

02 블록 카테고리에서 '블록 놓기' 코드를 가져와 01 안에 연결해요. 라일락 블록으로 바꾸고 좌표를 으로 입력해요.

03 02 아래에 '블록 놓기' 코드를 연결해요. 모란 블록으로 바꾸고, 좌표를 ~0 ~1 ~0 으로 입력해요.

04 03 아래에 '블록 놓기' 코드를 연결해요. 파란색 난초 블록으로 바꾸고, 좌표를 ~-1 ~1 ~0 으로 입력해요.

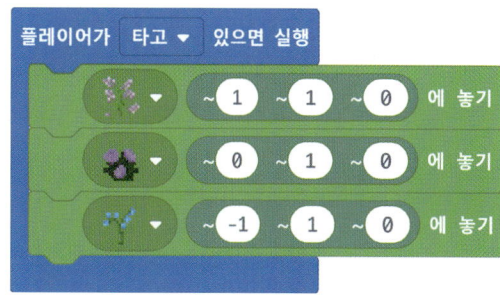

 실행하기

 50 0 30

01 Enter 키를 누르고, 텔레포트 명령어를 입력하여 플라워 레일을 만들 곳으로 이동해요.

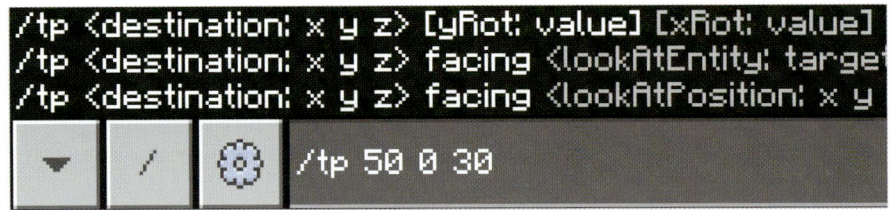

02 E 키를 눌러 백과사전을 열어요.

03 검색 창에 '레일'을 입력해요.

04 '레일'을 플레이어의 첫 번째 슬롯으로 가져와요.

05 검색 창에 '수레'를 입력해요.

06 '광물 수레'를 플레이어의 두 번째 슬롯으로 가져와요.

07 창을 닫고 에이전트를 플레이어의 위치로 텔레포트시켜요(/tp @c @s). 에이전트에 커서를 맞춰 마우스 오른쪽 버튼을 클릭해요.

08 아이템 슬롯 창에서 플레이어 슬롯에 있는 레일을 클릭한 다음, 에이전트의 첫 번째 슬롯에 대고 다시 클릭해요.

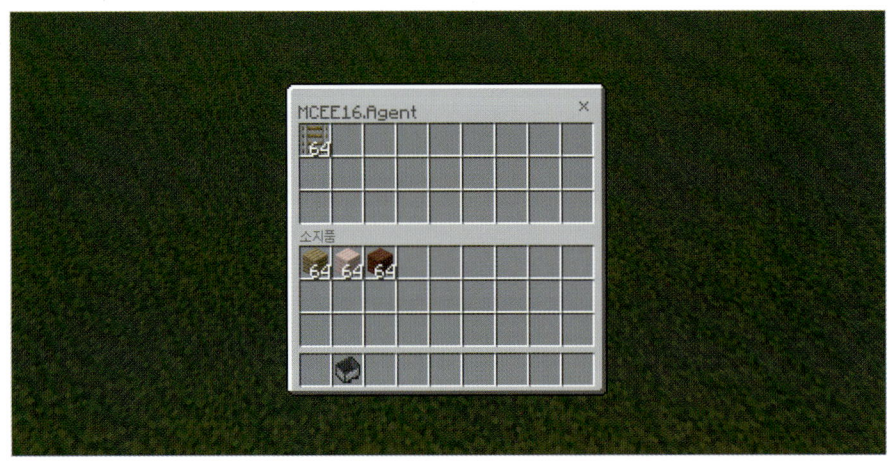

09 창을 닫고 명령어 'rail'을 입력해 실행 결과를 확인해요.

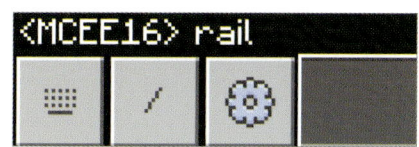

10 ②키를 눌러 수레를 장착한 다음, 레일 위에 커서를 대고 마우스 오른쪽 버튼을 눌러 수레를 놓아요.

11 수레에 커서를 대고 마우스 오른쪽 버튼을 눌러 수레에 타요. W키를 눌러 수레를 움직여요.

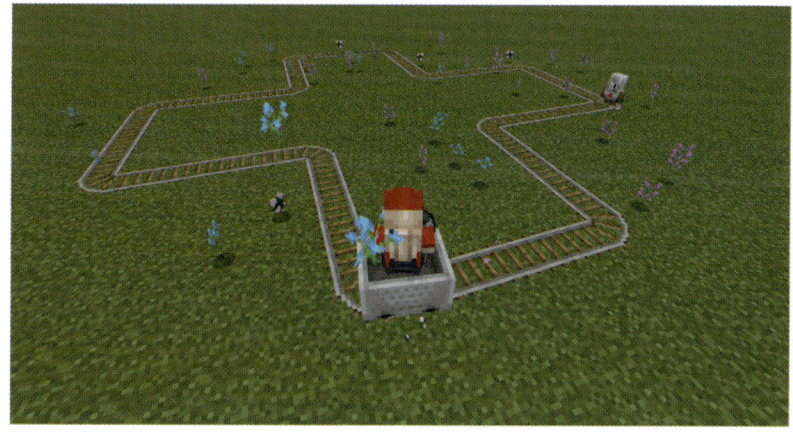

Tip 에이전트가 레일 위에 서있으면 수레가 지나갈 수 없어요.

이럴 때는 E키를 눌러 소지품에서 'agent' 라고 입력하여 Agent 알을 슬롯에 추가해요. 그 다음에 레일 바깥에 Agent 알을 사용하여 에이전트 위치를 옮겨요.

더 나아가기

1 다양한 모양의 레일을 반복문을 활용하여 만들어보세요.

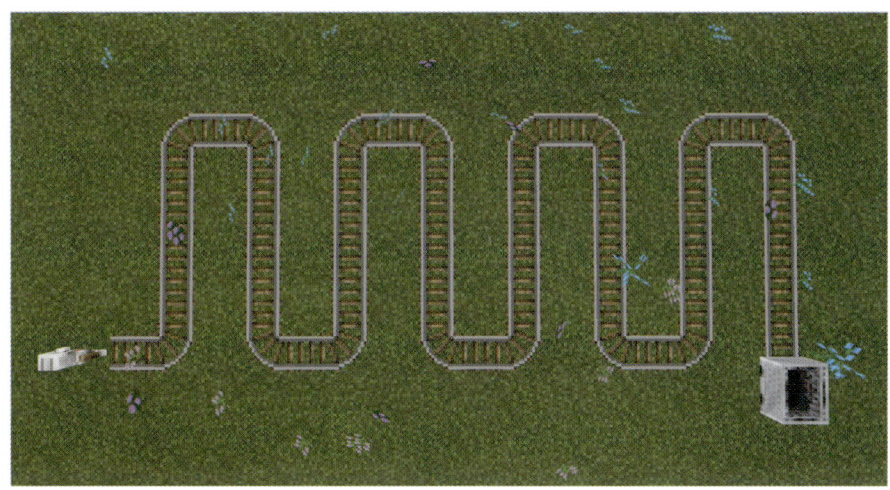

2 반복 코드를 중첩으로 사용하여 복잡한 모양의 레일을 만들어보세요.

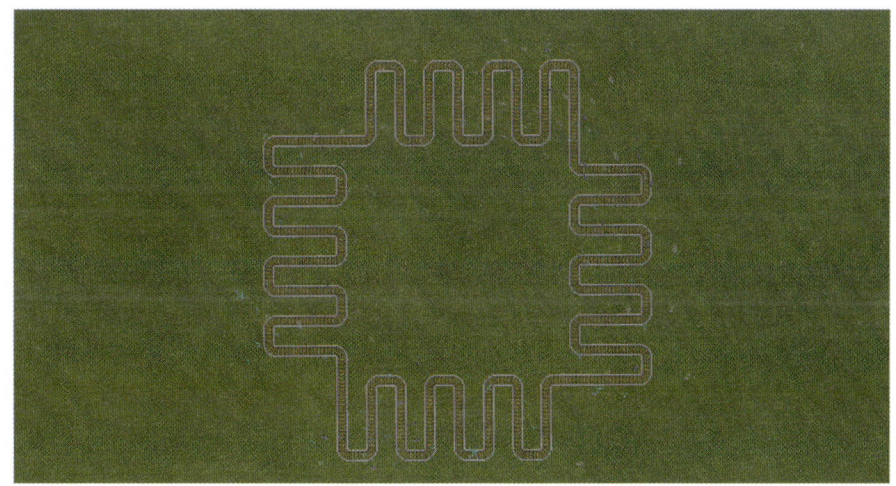

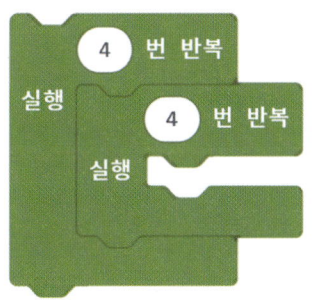

★ 코딩 실습 ★
12 비밀의 대나무 숲

- **핵심 개념** 반복
- **게임 환경** 크리에이티브 모드, 잔디 맵
- **사용 코드** 반복 실행, 에이전트가 이동, 에이전트가 회전
- **활동 내용** 에이전트가 대나무를 빽빽하게 심어 대나무 숲이 생기면 플레이어가 그 안에 들어가 비밀 이야기를 한다.
- **학습 목표** 반복문을 적용하여 반복되는 코드를 간단히 하고, 블록을 빈틈없이 채울 수 있다.

비슷한 실행 과정을 묶고 반복되는 부분을 간결하게 정리하여 반복 코드로 표현하면 효율적인 코드를 작성할 수 있어요. 반복이 어디서부터 어디까지 되어야 할지, 몇 번이나 반복할지 생각하면서 코드를 작성해봅시다.

실행 결과 관찰하기

비밀 이야기를 마음껏 할 수 있는 대나무 숲을 만들려고 해요. 죽순을 촘촘하게 심고 뼛가루를 뿌리거나 비를 맞고 기다리면 대나무가 쑥쑥 자라요. 빽빽한 대나무 숲에서는 쩌렁쩌렁 소리를 질러도 아무도 모를 것 같아요. 영상으로 대나무 숲이 어떻게 만들어지는지 관찰해봅시다.

Note **영상 확인** 유튜브에 '메만마테'를 검색하거나 QR 코드로 접속하세요.

대나무 숲을 위에서 바라본 모습을 표시하면 아래와 같아요. 에이전트가 대나무를 심는 움직임의 일부가 화살표로 표시되어 있어요. 남은 칸도 화살표로 채워보세요. 완성된 에이전트의 움직임이 같은 명령을 3번 반복한 것이라고 할 때, 어디서부터 어디까지가 반복되는 구간인지 둥글게 표시해보세요.

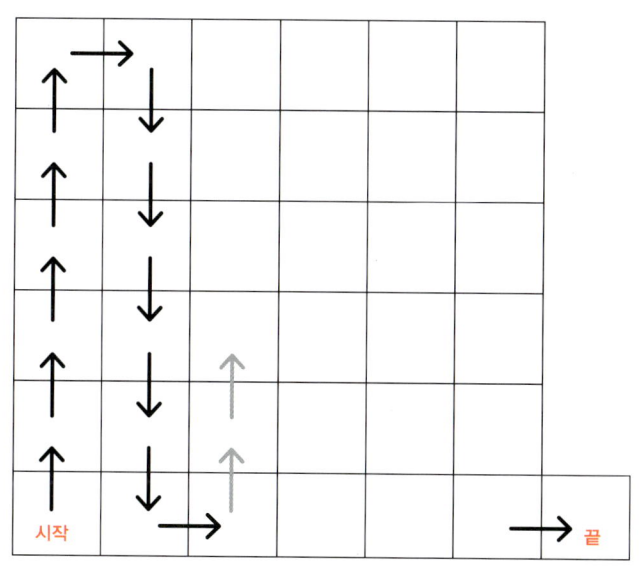

예시) →↓ → ↓ → ↓ (3번 반복)
반복되는 구간은 → ↓

 ## 실행 순서 정리하기

실행 영상에서 관찰한 대로 실행 순서를 정리해요. 아래 단어 뭉치에서 적절한 단어를 골라 적어 설명을 완성하세요.

01 채팅창에 명령어 'bamboo'를 입력해요.

02 에이전트가 플레이어 위치로 텔레포트해요.

03 에이전트가 이동한 곳마다 블록을 놓게 해요.

04 에이전트가 특정 명령을 3회 반복해서 이동해요.

05 (반복 시작) 에이전트가 앞으로 거리 5만큼 이동하고 　　　　　으로 회전해서 다시 앞으로 거리 1만큼 이동하고 　　　　　으로 회전해요.

06 에이전트가 앞으로 거리 5만큼 이동하고 　　　　　으로 회전해서 다시 앞으로 거리 1만큼 이동하고 　　　　　으로 회전해요. (반복 끝)

07 플레이어가 웅크린 채로 조금만 걸으면 비밀 메시지를 보여줘요.

메이크코드로 표현하기

제시된 카테고리와 코드를 참고하여 정리한 실행 순서에 맞게 메이크코드로 표현해요.

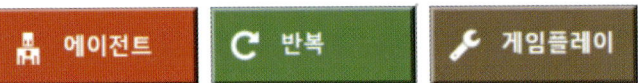

 어렵지 않아요!

에이전트가 앞으로 거리 **5**만큼 이동하고
오른쪽으로 회전해서
다시 앞으로 거리 **1**만큼 이동하고
오른쪽으로 회전해요.

실행 전 설정하기

완성된 코드를 실행하기 전에 아래와 같이 설정해야 제대로 실행돼요.

에이전트 아이템 슬롯에 대나무 아이템 장착하기

01 E키를 눌러 백과사전을 열어요.

02 검색 창에 '대나무'를 입력해요.

03 '대나무'를 플레이어의 슬롯으로 가져와요.

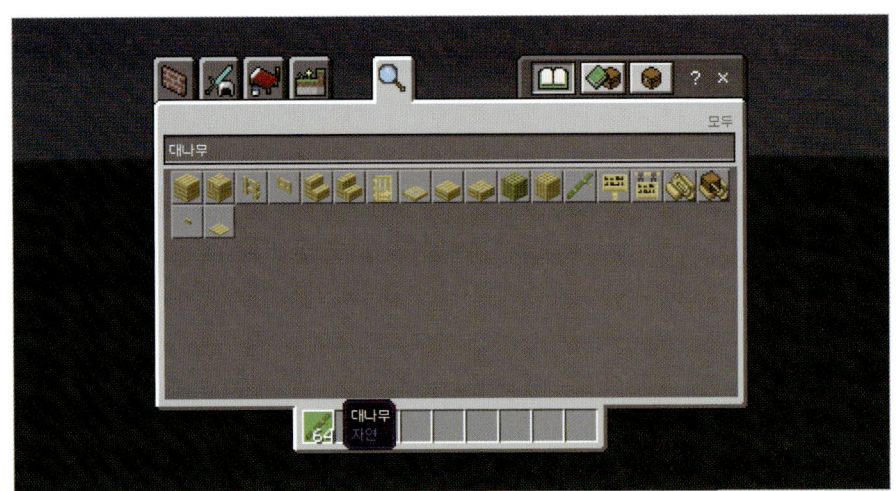

04 에이전트를 플레이어의 위치로 텔레포트시켜요(/tp @c @s). 에이전트에 커서를 맞추고 마우스 오른쪽 버튼을 클릭해요.

05 대나무 블록을 에이전트의 첫 번째 아이템 슬롯에 장착해요.

 ## 실행하기

01 Enter 키를 누르고 텔레포트 명령어를 입력하여 대나무 숲을 만들 장소로 텔레포트해요.

02 명령어 'bamboo'를 입력해 대나무 숲이 만들어지는지 확인해요.

03 만들어진 대나무 숲 안으로 들어가 Shift 키를 누르면 플레이어가 웅크린 모습이 돼요. 웅크린 상태로 좌우로 살짝 움직일 때, 입력해 둔 비밀 이야기가 화면에 나타나는지 확인해요.

실행하고 수정하기

코드를 실행해보고 제대로 실행되지 않는 부분을 찾아 코드를 수정해요.

에이전트는 움직이는데 대나무가 심어지지 않아요!

'에이전트가 이동한 곳에 블록 놓기' 코드가 '끄기'가 아닌 '켜기'로 바뀌어 있는지 확인해보세요.

죽순만 있어서 대나무 숲처럼 보이지 않아요!

죽순을 대나무로 자라게 하려면 뼛가루를 뿌리거나 비를 내리면 돼요. 뼛가루 아이템 사용법은 기본편 25쪽을 참고하세요. 비를 내리려면 다음 명령어를 입력하세요.

/weather rain

반복 코드를 활용하여 더 넓고 다양한 모양의 대나무 숲을 만들어보세요.

기초편

변수

13강 ▶ 잡초 뽑기 + 14강 ▶ 카운트다운 폭죽

개념 설명 13 | 잡초 뽑기

- **핵심 개념** 변수
- **게임 환경** 크리에이티브 모드
- **사용 코드** 변수에 저장, 변수값 증가
- **활동 내용** 잡초를 뽑을 때마다 뽑은 잡초의 수를 카운트한다.
- **학습 목표** 변수 개념을 이해하고 변수에 숫자를 저장하고 수정할 수 있다.

스포츠 경기를 보면 현재 점수가 몇 대 몇인지 점수판에 표시되어 있어요.
경기를 시작할 때는 0부터 시작해서 점수를 얻을 때마다 숫자가 커져요.
경기가 진행되면서 점수는 빠르게 변하고, 우리는 점수판을 보고 경기 상황을 알 수 있어요.
마인크래프트에서도 횟수, 점수 등을 저장하고 바꾸어 넣는 기능을 만들 수 있어요.

몸풀기 : 짝수 말하기

변수는 숫자를 기록하는 저장소예요. 기억하고 싶은 숫자를 변수에 저장해 놓으면 필요할 때 불러와 유용하게 사용할 수 있어요. 저장했던 숫자를 다른 숫자로 바꾸어 새로 저장할 수도 있어요.

⭐ ≡변수 > 변수 만들기... 에서 '변수'라는 변수를 만들어요. 그리고 알맞은 코드를 찾아 아래와 같이 작성해보세요. (횃불이 있는 부분을 유심히 보고 수정해보세요.)

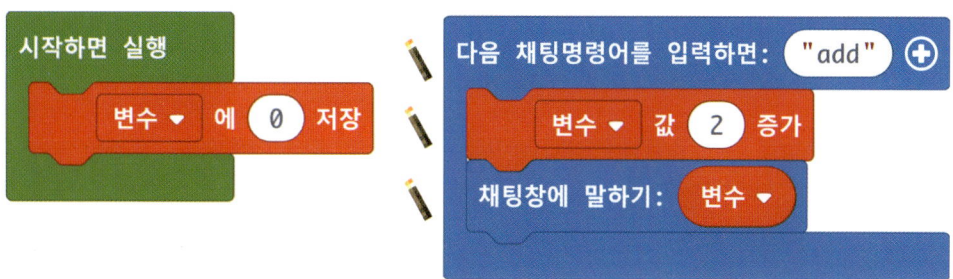

⭐ 명령어를 5번 연속으로 입력하여 실행 결과를 확인해보세요.

⭐ 관찰한 내용이 맞으면 O, 틀리면 X로 표시하고 올바른 설명이 되도록 고쳐보세요.

처음에는 변수 값이 1이에요. (O, X)

다섯 번째로 명령어 'add'를 입력한 후에 변수는 10이에요. (O, X)

한 번 더 'add'를 입력하면 채팅창에 12가 나와요. (O, X)

알고가기

변수는 **데이터를 저장하는 공간**이에요. 축구 경기의 점수를 생각해보세요. 0으로 시작해서 선수가 골을 넣을 때마다 1점씩 올라가고 경기가 진행되면서 점수가 바뀌어요. 이 때 점수는 골을 넣은 횟수를 저장하는 변수라고 할 수 있어요.

게임에서도 경험치, 레벨, 체력, 코인 등 다양한 요소에서 변수를 활용해요. 경험치가 일정값을 넘으면 레벨이 올라가고, 체력이 0이 되면 게임이 끝나기도 해요.

> **Tip** 변수 값을 작아지게 하고 싶다면?
>
> 변수 카테고리에 아무리 봐도 변수 값을 감소하게 하는 블록은 없어요. 변수▼ 값 1 증가 블록을 가져와서 1이 있는 입력란에 –를 붙여 숫자를 입력하면 변수 값을 작아지게 하는 블록이 만들어져요.

코딩하기

10강에서 만든 숲에 잡초들이 생겨났어요. '잡초'라는 변수를 만들고, 잡초를 뽑을 때마다 변수에 뽑은 잡초의 개수를 저장하도록 해봅시다.

코딩 순서 정리하기

명령어 입력
▼
'잡초'에 0 저장
▼
(10번 반복) 랜덤 위치에 잔디 놓기
▼
'잡초를 정리해볼까?' 메시지 보여주기

잔디 깨기
▼
'잡초' 값 1 증가
▼
뽑은 잡초 개수 메시지 보여주기

잡초 생성하기

01 명령어 입력 코드에 'weed'를 입력해요.

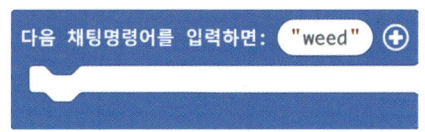

02 ■ 변수 카테고리에서 변수 만들기... 를 눌러 새 변수 이름에 '잡초'를 입력하고 [확인]을 눌러요.

03 ■ 변수 카테고리에서 '(잡초)에 0 저장' 코드를 가져와 01 안에 연결해요.

04 ↻ 반복 카테고리에서 '반복 실행' 코드를 가져와 03 아래에 연결해요. 반복 횟수는 '10'으로 입력해요.

05 블록 카테고리에서 '(블록) ~0 ~0 ~0 에 놓기' 코드를 가져와 04 안에 연결해요. 블록을 잔디로 바꿔요.

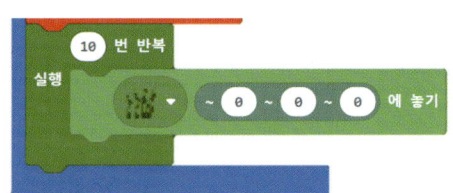

06 위치 카테고리에서 '랜덤 위치 선택' 코드를 가져와 좌표 코드 자리에 넣고 두 번째 좌표를 ~20 ~0 ~20 으로 입력해요.

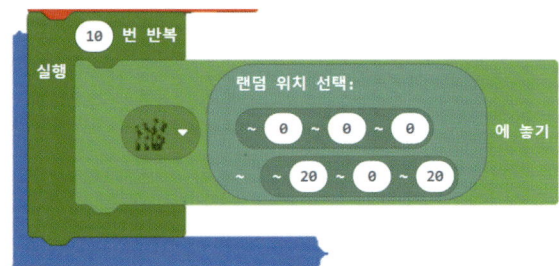

07 게임플레이 카테고리에서 '메시지 보여주기' 코드를 가져와 반복 코드 아래 연결하고, 진한 글자에 '잡초를 정리해볼까?'를 입력해요.

잡초 뽑기

01 `블록` 카테고리에서 '(블록)이 깨지면 실행' 코드를 가져와 블록을 잔디로 바꿔요.

02 `변수` 카테고리에서 '(잡초) 값 1 증가' 코드를 가져와 **01** 안에 연결해요.

03 `게임플레이` 카테고리에서 '메시지 보여주기' 코드를 가져와 **02** 아래에 연결해요.

04 `고급` > `문자열` 카테고리에서 '연결한 문자열' 코드를 가져와 진한 글자에 넣어요.

05 오른쪽의 ⊕을 눌러 입력 칸을 3칸으로 만든 다음, 첫 번째 칸과 세 번째 칸에 각각 '잡초'와 '개'를 입력해요.

06 `변수` 카테고리에서 '잡초' 코드를 가져와 두 번째 칸에 넣어요.

실행하기

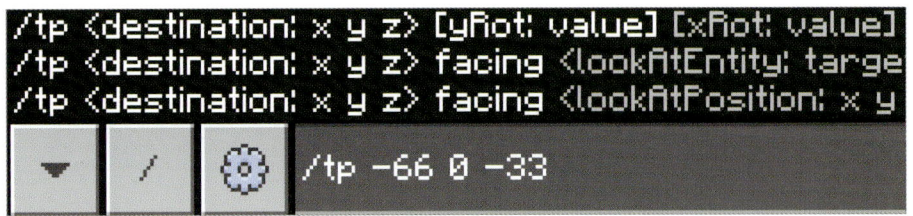

01 텔레포트 명령어를 입력하여 숲으로 이동해요.

```
/tp <destination: x y z> [yRot: value] [xRot: value]
/tp <destination: x y z> facing <lookAtEntity: targe
/tp <destination: x y z> facing <lookAtPosition: x y
```

`/tp -66 0 -33`

02 명령어 'weed'를 입력하고 실행 결과를 확인해보세요.

03 "잡초를 정리해볼까?"라는 메시지가 화면에 나타나면 숲에 생긴 잡초를 없애보세요.

Note 메시지뿐만 아니라 키 설명, 핫바, 포인터가 보이지 않으면 F1키를 눌러 보이게 하고 다시 명령어를 입력해보세요.

04 잡초를 제거할 때마다 메시지로 나타나는 잡초의 숫자가 점점 늘어나요. 여러분은 모두 몇 개의 잡초를 제거했나요?

더 나아가기

1 '남은 잡초' 변수를 만들어 10개부터 시작하도록 만들어보세요.

2 잡초를 세거할 때마다 변수가 1씩 줄어들도록 만들어 보세요. 그리고 화면에 남은 잡초가 몇 개인지 표시되도록 만들어 보세요.

★ 코딩 실습 ★
14 카운트다운 폭죽

- **핵심 개념** 변수
- **게임 환경** 크리에이티브 모드, 잔디 맵
- **사용 코드** 변수, 반복 실행, 랜덤 위치 선택
- **활동 내용** 카운트다운이 끝나면 깜깜한 밤하늘에 입력한 횟수만큼 폭죽을 터뜨린다.
- **학습 목표** 채팅 명령어 입력 코드, 반복 코드와 함께 변수를 활용할 수 있다.

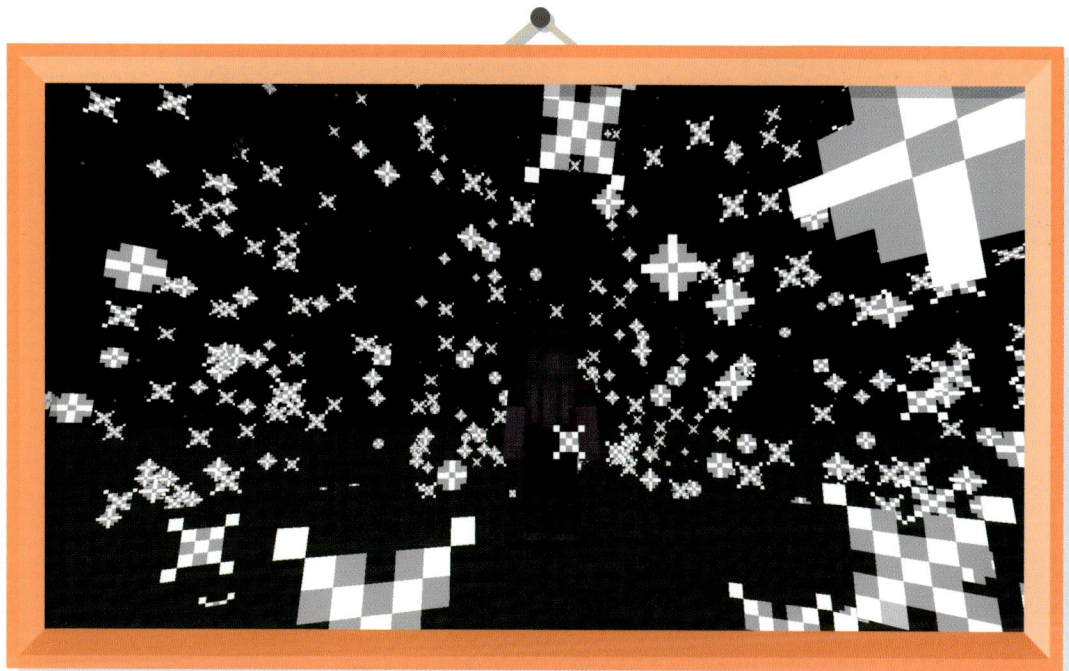

명령어와 함께 변수에 저장하고 싶은 숫자를 입력하면 변수를 따로 만들지 않아도 저장돼요.
저장된 변수는 변수 값이 필요할 때 가져와 활용할 수 있어요. 반복 횟수에 변수를 넣으면
변수에 저장한 변수 값만큼 명령을 반복해서 실행해요.

 실행 결과 관찰하기

어두운 밤에 폭죽을 터뜨리려고 해요. 3, 2, 1 카운트다운을 하면 폭죽이 터져요. 폭죽이 터지는 횟수는 마음대로 정할 수 있어요. 영상으로 어떻게 폭죽이 터지는지 관찰해봅시다.

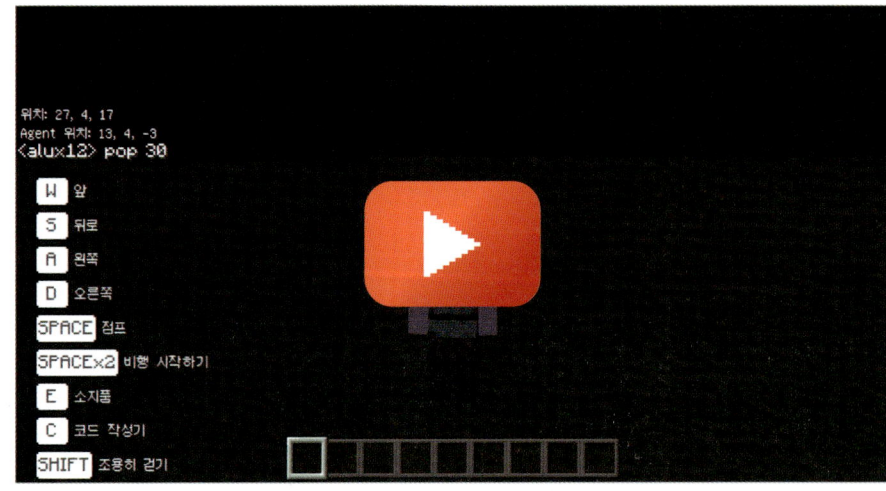 

Note **영상 확인** 유튜브에 '메만마테'를 검색하거나 QR 코드로 접속하세요.

플레이어(P)의 위치를 위에서 바라본 모습이에요. 플레이어의 위치를 기준으로 앞, 뒤, 좌, 우로 5칸 떨어진 범위에서 폭죽이 발사돼요.

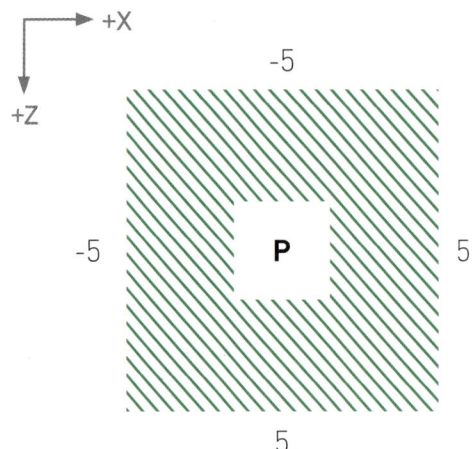

실행 순서 정리하기

실행 영상에서 관찰한 대로 실행 순서를 정리해요.

01 채팅창에 명령어 'pop'과 함께 폭죽을 터뜨릴 횟수를 입력하여 변수 'fire'에 저장해요.
(아래 이미지는 30을 입력한 예시예요.)

02 마인크래프트 세계의 시간을 자정으로 설정해요.

> **Note** 시간 설정은 [게임플레이] 카테고리에 있는 코드로 변경할 수 있어요.

03 '3'이라는 메시지가 나타나요.

04 1초(1000ms) 동안 일시중지해요.

05 '2'라는 메시지가 나타나요.

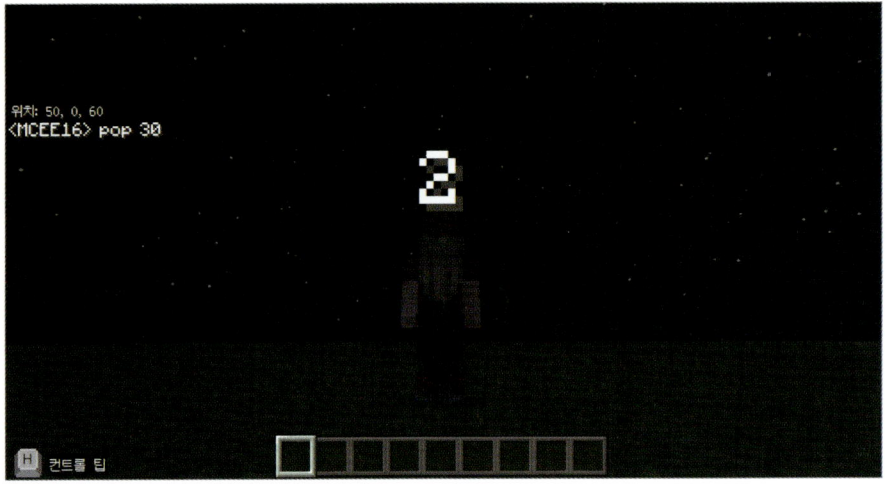

06 1초(1000ms) 동안 일시중지해요.

07 '1'이라는 메시지가 나타나요.

08 1초(1000ms) 동안 일시중지해요.

09 변수 'fire'에 저장된 숫자만큼 플레이어 주위(앞, 뒤, 좌, 우 5칸 거리)에서 폭죽이 발사돼요.

메이크코드로 표현하기

제시된 카테고리를 참고하여 정리한 실행 순서에 맞게 메이크코드로 표현해요. 명령어에 변수를 추가하려면 을 클릭한 다음, `num1▼`을 클릭하고 [변수 이름 바꾸기]를 선택해서 변수 이름을 지정하면 돼요.

Note 폭죽을 터뜨리는 코드는 기초편 9강 8쪽을 참고하세요.

실행하기

실행 위치 50 0 60

01 Enter 키를 누르고 텔레포트 명령어를 입력하여 폭죽을 터뜨릴 장소로 텔레포트해요.

02 명령어 'pop'과 함께 변수 'fire'에 저장할 숫자를 입력해 실행 결과를 확인해요.

 ## 실행하고 수정하기

코드를 실행해보고 제대로 실행되지 않는 부분을 찾아 코드를 수정해요.

카운트다운이 1초 간격보다 훨씬 빠르게 돼요.

일시중지 숫자가 '1'이 아닌 '1000'으로 코드가 작성되어 있는지 확인해보세요.

> **Tip** 밀리초(ms)
> 밀리초(ms)는 1000분의 1초를 말해요. 메이크코드에서는 밀리초(ms)를 사용하기 때문에 1초 동안 일시중지 하려면 1000밀리초(ms)를 입력해요.

마인크래프트 세계가 환한 대낮이에요.

시간 설정이 '낮'이 아닌 '자정'으로 코드가 작성되어 있는지 확인해보세요.

명령어와 함께 변수 값을 입력하고 저장하면 폭죽을 터뜨리는 횟수를 코드 작성기에서 바꾸지 않고, 코드를 실행할 때마다 원하는 만큼 지정할 수 있어요. 폭죽을 터뜨리는 횟수를 변경하면서 폭죽을 터뜨려보세요.

랜덤

기초편

15강 ▶ 멀리뛰기 + 16강 ▶ 호박 속 황금

★ 개념 설명 ★
15 멀리뛰기

- **핵심 개념** 랜덤
- **게임 환경** 크리에이티브 모드
- **사용 코드** ~부터 ~까지의 정수 랜덤 값
- **활동 내용** 화살을 쏠 때마다 플레이어가 무작위로 이동한다.
- **학습 목표** 랜덤의 개념을 이해하고 랜덤 위치로 이동해서 좌표를 확인할 수 있다.

동전을 던져 숫자 면이 나올지 그림 면이 나올지 짐작해보세요.
동전이 떨어져 멈출 때까지 결과를 알 수 없어요. 제비뽑기나 사다리 타기를 할 때도
마찬가지로 결과가 나올 때까지 기대하면서 기다리게 돼요. 마인크래프트에서도 예상할 수 없는
값이 나오는 랜덤 기능을 활용해서 더욱 재미있는 게임을 만들 수 있어요.

몸풀기 : 랜덤으로 꽃 심기

정해진 공간 범위에서 랜덤으로 블록을 배치하면 규칙적이지 않은 자유로운 모습을 만들 수 있어요. 정원에 듬성듬성 꽃을 심듯이 랜덤 위치에 데이지를 심어봅시다.

🚩 계산 카테고리에서 알맞은 코드를 찾아 아래와 같이 작성해보세요. (횃불이 있는 부분을 유심히 보고 수정해보세요.)

🚩 명령어를 입력하여 실행 결과를 확인해보세요.

실행 전	실행 후

🚩 관찰한 내용이 맞으면 O, 틀리면 X로 표시하고 올바른 설명이 되도록 고쳐보세요.

꽃 10송이가 생겼어요. (O, ×)

꽃들이 심어진 위치의 규칙성이 보여요. (O, ×)

명령어 'flower'를 다시 입력하면 지금 위치와 같은 위치에 꽃이 생겨요. (O, ×)

알고가기

랜덤은 규칙성이 없는 것을 의미해요. 주사위를 예로 들어 볼까요? 주사위를 던졌을 때 무슨 숫자가 나올지는 아무도 예상할 수 없어요. 그래서 사람들은 주사위를 가지고 내기를 하기도 하고, 게임을 만들기도 해요.

규칙성 없이 하나를 선택하는 제비뽑기나 뽑기 기계도 랜덤을 활용한 대표적인 예에요. 무작위로 선택되기 때문에 누구에게나 공평하다는 장점이 있어요. 하지만 원하는 것이 곧 나올 것이라는 기대 때문에 한 번 빠지면 헤어나오기 어렵다는 단점이 있어요. 계획을 세우고 적당한 횟수만큼만 시도하는 것이 좋겠죠?

위에 제시된 주사위, 제비뽑기, 뽑기 기계를 제외하고 여러분 주변에서 랜덤을 활용한 경우를 찾아 세 가지만 적어보세요.

- _____
- _____
- _____

코딩하기

멀리뛰기 경기를 본 적이 있나요? 멀리뛰기는 점프대에서 뛰어올라 가장 멀리 착지하는 사람이 승리하는 스포츠예요. 마인크래프트 랜덤 멀리뛰기는 출발점에서 활을 쏘는 것으로 점프대에서 뛰어오르는 것을 대신할게요. 활을 쏘고 예상할 수 없는 위치로 이동한 후에 숫자판을 보면 얼마나 멀리 착지했는지 확인할 수 있어요.

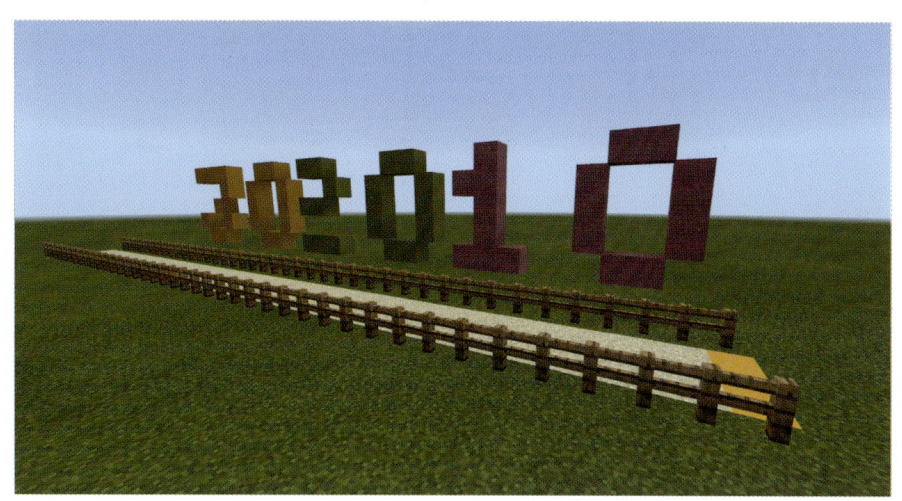

코딩 순서 정리하기

명령어 입력
▼
노란색 출발점 블록 채우기
▼
모래색 착지 트랙 블록 채우기
▼
한쪽 울타리 선 모양 만들기
▼
다른 쪽 울타리 선 모양 만들기

명령어 입력
▼
10 글자 쓰기
▼
20 글자 쓰기
▼
30 글자 쓰기

화살을 쏘면 실행
▼
랜덤 위치로 이동

멀리뛰기 경기장

01 명령어 입력 코드에 'sand'를 입력해요.

02 블록 카테고리에서 '블록 채우기' 코드를 가져와 01 안에 연결하고, 노란색 콘크리트 블록으로 바꿔요. 시작 좌표는 ~0 ~-1 ~0, 끝 좌표는 ~2 ~-1 ~0으로 입력해요.

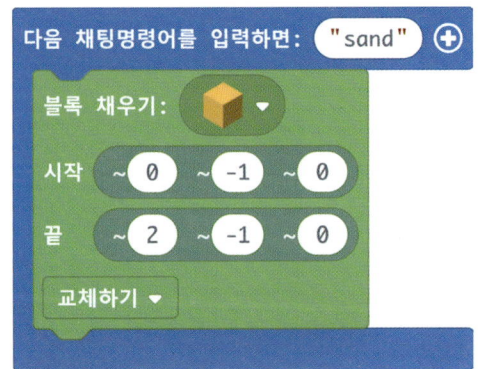

03 02 아래에 '블록 채우기' 코드를 연결하고 모래 블록으로 바꿔요. 시작 좌표는 ~0 ~-1 ~1, 끝 좌표는 ~2 ~-1 ~40으로 입력해요.

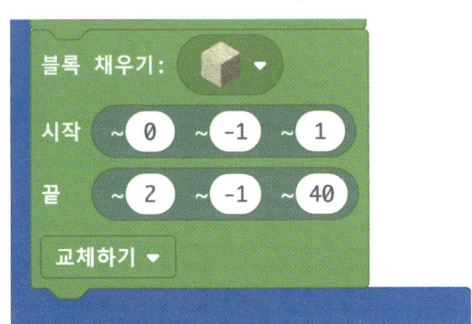

04 고급 > 모양 에서 '선 모양 만들기' 코드를 가져와 03 아래에 연결하고, 참나무 울타리 블록으로 바꿔요. 시작 좌표는 ~-1 ~0 ~0, 끝 좌표는 ~-1 ~0 ~40으로 입력해요.

05 다시 '선 모양 만들기' 코드를 가져와 04 아래에 연결하고, 참나무 울타리 블록으로 바꿔요. 시작 좌표는 ~3 ~0 ~0, 끝 좌표는 ~3 ~0 ~40으로 입력해요.

숫자판

01 명령어 입력 코드에 'number'를 입력해요.

02 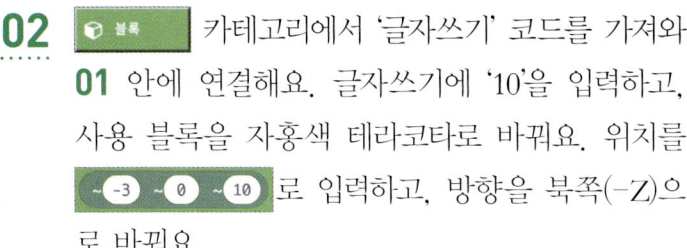 카테고리에서 '글자쓰기' 코드를 가져와 **01** 안에 연결해요. 글자쓰기에 '10'을 입력하고, 사용 블록을 자홍색 테라코타로 바꿔요. 위치를 `~ -3 ~ 0 ~ 10` 로 입력하고, 방향을 북쪽(-Z)으로 바꿔요.

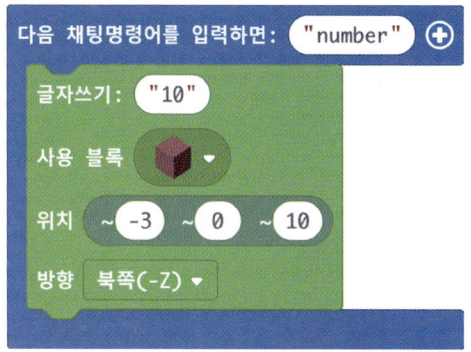

03 글자쓰기 코드를 가져와 **02** 아래에 연결해요. 글자쓰기에 '20'을 입력하고, 사용 블록을 연두색 테라코타로 바꿔요. 위치를 `~ -3 ~ 0 ~ 20` 로 입력하고, 방향을 북쪽(-Z)으로 바꿔요.

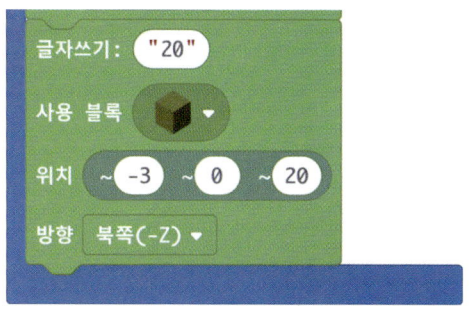

04 글자쓰기 코드를 가져와 **03** 아래에 연결해요. 글자쓰기에 '30'을 입력하고, 사용 블록을 노란색 테라코타로 바꿔요. 위치를 `~ -3 ~ 0 ~ 30` 로 입력하고, 방향을 북쪽(-Z)으로 바꿔요.

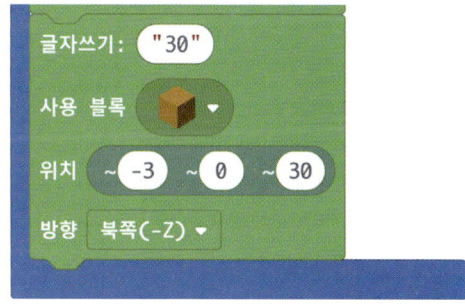

화살 쏘면 텔레포트

01 　플레이어　 카테고리에서 '화살을 쏘면 실행' 코드를 가져와요.

02 　플레이어　 카테고리에서 '다음 좌표로 텔레포트' 코드를 가져와 01 안에 연결해요.

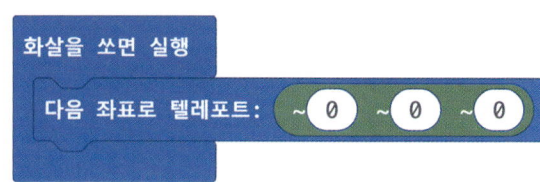

03 　계산　 카테고리에서 '0부터 10까지의 정수 랜덤값' 코드를 가져와 z 좌표에 넣은 다음, 10을 '40'으로 바꿔요.

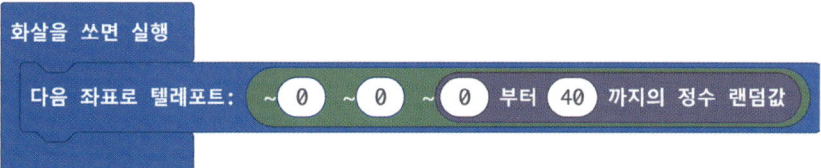

실행하기

실행 위치 35 0 -55

01 Enter 키를 누르고, 텔레포트 명령어를 입력하여 경기장을 만들 장소로 텔레포트해요.

02 명령어 'sand'와 'number'를 연이어 입력하고 실행 결과를 확인해요.

03 경기장이 완성되었다면, 백과사전에서 활과 화살을 꺼낸 다음 노란색 발판 위에서 활을 발사해보세요.

더 나아가기

1 얼마나 이동했는지 숫자로 나타내려고 해요. '거리' 변수를 만들고, '거리'에 랜덤값을 저장하여 거리만큼 앞으로 이동하면서 채팅창에는 '거리'의 값이 나오도록 만들어보세요.

2 길고 높은 막대를 만들어 높이뛰기 경기장을 만들어보세요. 숫자판도 위로 갈수록 숫자가 커지게 배치해보세요.

코딩 실습 16

호박 속 황금

- **핵심 개념** 랜덤
- **게임 환경** 크리에이티브 모드, 잔디 맵
- **사용 코드** 공 모양 만들기, 랜덤 위치 선택
- **활동 내용** 반구 모양 호박 더미에서 숨겨진 황금 블록을 찾는다.
- **학습 목표** 공 모양 만들기 코드를 활용하여 반구 모양을 만들고, 정해진 범위의 랜덤 위치에 블록을 놓을 수 있다.

마인크래프트 공간상의 두 좌표를 '랜덤 위치 선택' 코드에 입력해서 사용하면
지정한 두 좌표 사이의 공간에서 무작위로 하나의 위치가 선택돼요.
이 코드를 활용해서 수북하게 쌓인 호박 블록들 안에 황금 블록이 눈에 잘 띄지 않으면서,
랜덤으로 나타나도록 해 봅시다.

실행 결과 관찰하기

이글루 모양의 호박 블록 더미가 생기고 그 안에 황금 블록 하나가 보이지 않게 생겨요. 영상으로 어떻게 호박 블록 더미가 만들어지는지 관찰해봅시다.

※ **영상 확인** 유튜브에 '메만마테'를 검색하거나 QR 코드로 접속하세요.

호박 블록 더미를 투명한 유리 블록으로, 황금 블록이 생기는 위치의 범위를 황금 광석으로 표시하면 아래와 같아요.

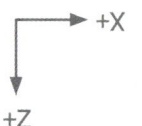

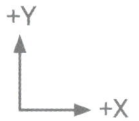

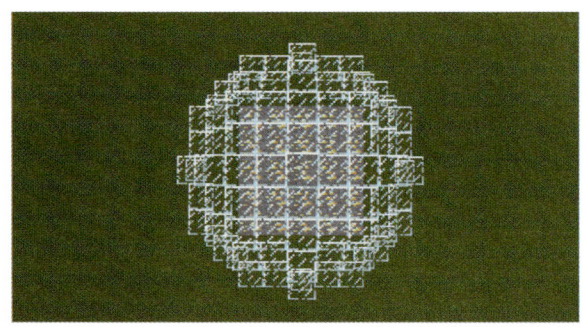

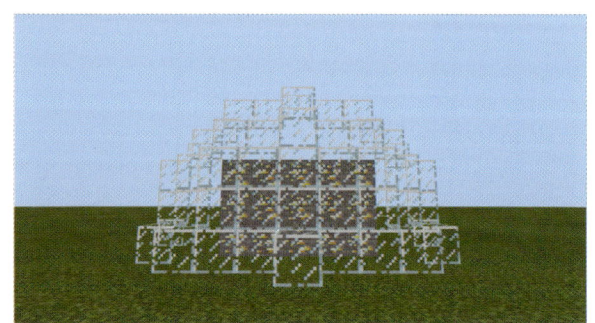

실행 순서 정리하기

실행 영상에서 관찰한 대로 실행 순서를 정리해요. 아래 단어 뭉치에서 적절한 단어를 골라 적거나 알맞은 숫자를 적어 설명을 완성하세요.

01 채팅창에 명령어 'gold'를 입력해요.

02 플레이어의 현재 위치를 중심으로, 반지름이 5인 공을 반으로 자른 모양의 ⬚ 블록 더미가 생겨요.

03 두 좌표(~ 2 ~ 2 ~ -4 , ~ -2 ~ 0 ~ -8) 사이의 랜덤 위치에 ⬚ 블록을 놓아 ⬚ 블록 더미에 숨겨요.

04 플레이어가 현재 위치에서 멀리 떨어진 곳(~15, ~0, ~15)으로 텔레포트해요.

05 _____ 블록 더미 속에 있는 _____ 블록을 찾아서 깨뜨리면 '황금을 캐셨군요!' 메시지를 보여줘요.

06 플레이어가 현재 위치에서 위로 20만큼 올라간 위치(~0, ~____, ~0)로 텔레포트해요.

07 위로 텔레포트한 플레이어의 발 아래에 발판이 생겨요. 시작 좌표는 `~-1 ~-1 ~-1`, 끝 좌표는 `~1 ~-1 ~1`로 지정하여 　　　　 블록으로 채워요.

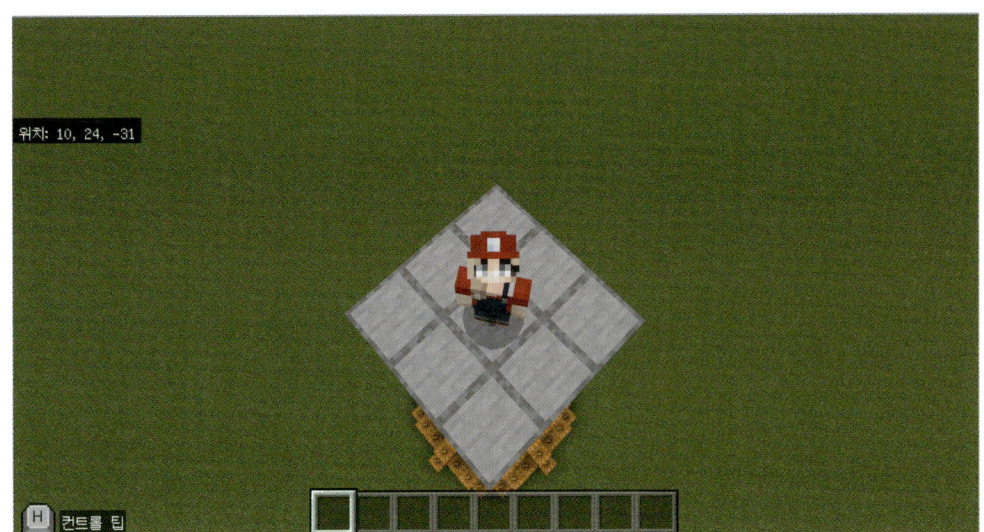

메이크코드로 표현하기

제시된 카테고리와 코드를 참고하여 정리한 실행 순서에 맞게 메이크코드로 표현해요.

두 좌표(~ 2 ~ 2 ~ -4 , ~ -2 ~ 0 ~ -8) 사이의 랜덤 위치에 황금 블록을 놓아요.

⬇

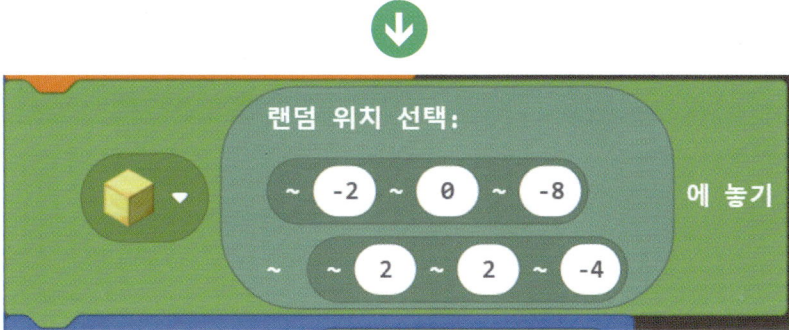

실행하기

01 Enter 키를 누르고 텔레포트 명령어를 입력하여 호박 블록 더미를 만들 장소로 텔레포트 해요.

02 명령어 'gold'를 입력해 실행 결과를 확인해요.

실행하고 수정하기

코드를 실행해보고 제대로 실행되지 않는 부분을 찾아 코드를 수정해요.

두께가 있는 공 모양이 아니라 평평한 원 모양이 생겨요!

'원 모양 만들기'가 아닌 '공 모양 만들기'로 코드가 작성되어 있는지 확인해보세요.

황금 블록이 조각한 호박 블록 더미 안이 아니라 밖에 생겨요.

조각한 호박 블록 더미가 생길 때 플레이어를 움직이지 말아야 해요. 황금 블록이 플레이어의 위치를 기준으로 생기기 때문에 플레이어가 호박 블록 더미 밖에 있다면, 그 위치를 기준으로 황금 블록이 생겨요. 호박 블록 더미가 다 만들어진 후에 플레이어가 조금 떨어진 위치로 텔레포트 될 때까지 조금만 기다려보세요.

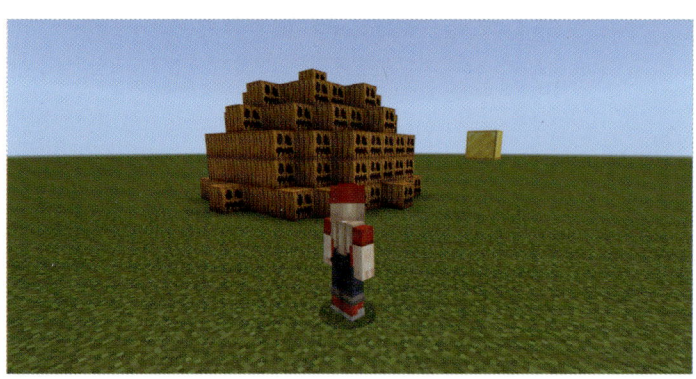

친구들과 함께 명령어를 실행해서 누가 더 빨리 황금 블록을 찾아내서 깨뜨리는지 겨뤄보세요.

: 목차 :

17	마크 라이더	004
18	살얼음판 걷기	013
19	점점 작아지는 문	022
20	달팽이 집	031
21	슬라임 번지	040
22	황금 블록 잡기	049
23	아쿠아리움	060
24	징검다리 건너기	068

조건(if)

활용편

17강 ▸ 마크 라이더 + 18강 ▸ 살얼음판 걷기

★ 개념 설명 ★
17 마크 라이더

- **핵심 개념** 조건
- **게임 환경** 크리에이티브 모드
- **사용 코드** 만약 ~이면 실행
- **활동 내용** 특정 블록을 밟으면 플레이어가 뒤로 텔레포트한다.
- **학습 목표** 조건문을 이해하고 조건에 따라 명령이 실행되도록 할 수 있다.

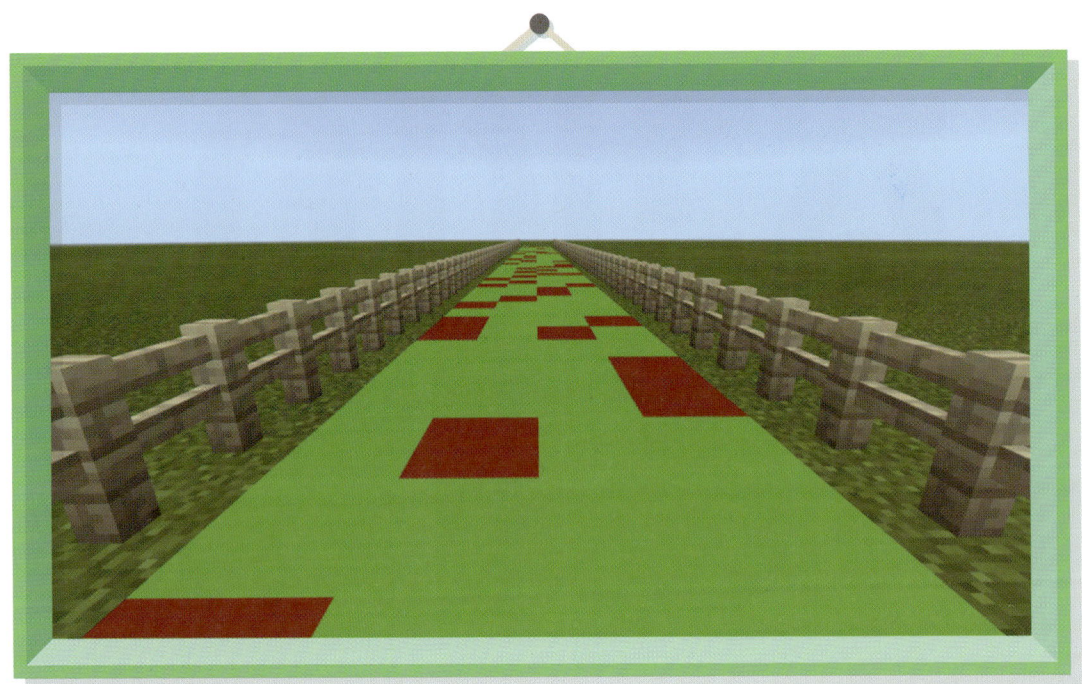

자동차 경주 게임에는 달리기를 방해하는 장애물과 속도를 더 빠르게 하는 아이템들이 등장해요. 길을 미끄럽게 만드는 바나나 껍질, 앞을 못 보게 하는 먹물 폭탄, 더 빨리 달릴 수 있는 부스터 날개 등 다양한 종류가 있어요. 아이템과 상황에 따라 자동차는 더 빨리 가기도 하고 제대로 나아갈 수 없게 되기도 해요. 마인크래프트에서도 설정한 조건에 따라 플레이에 영향을 주는 게임을 만들 수 있어요.

몸풀기 : 에이전트에게 인사하기

에이전트와 플레이어가 만나면 인사를 하게 하고 싶어요. 둘이 만났는지를 판단하기 위해서 에이전트와 플레이어의 위치가 일치하는지 확인해야 해요. 만약 둘의 위치가 일치하면 인사말이 나타나도록 만들어봅시다.

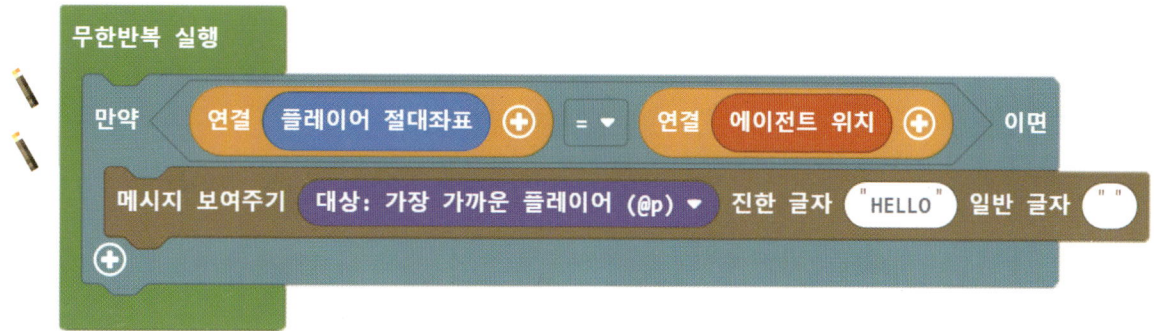

카테고리에서 알맞은 코드를 찾아 아래와 같이 작성해보세요. (횃불이 있는 부분을 유심히 보고 수정해보세요.)

코드를 실행하고 에이전트를 소환해요. (/tp @c @s) 플레이어를 움직여 에이전트와 잠시 떨어졌다가 같은 위치로 옮겨 실행 결과를 확인해보세요.

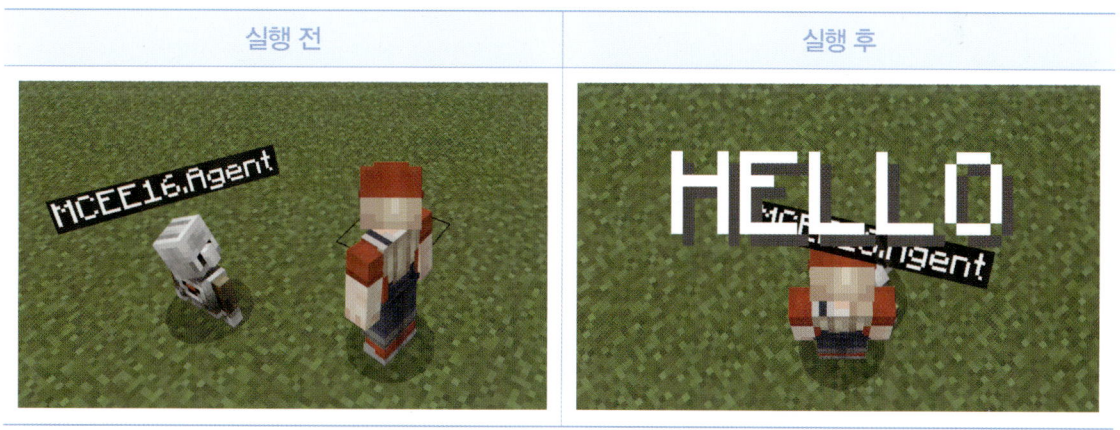

| 실행 전 | 실행 후 |

관찰한 내용이 맞으면 O, 틀리면 X로 표시하고 올바른 설명이 되도록 고쳐보세요.

에이전트는 플레이어가 이동할 때마다 따라다녀요. (O, X)
플레이어의 좌표와 에이전트의 좌표가 같을 때에만 HELLO가 나타나요. (O, X)
에이전트와 플레이어가 만날 때마다 계속 HELLO가 나타나요. (O, X)

알고가기

조건을 설정하고 해당 조건이 만족되었을 때 명령이 실행되도록 하는 것은 게임의 규칙을 설정하고 적용하는 것과 비슷해요. 아래 게임을 규칙에 따라 플레이해봅시다.

🎖 규칙

1. 모두 1번 칸에서 시작하여 주사위를 던져 나온 수만큼 이동한다.
2. 도착한 칸에 사다리나 뱀이 있다면 아래의 규칙을 따른다.
3. 사다리가 있는 칸에 걸리면 사다리의 위로 올라간다.
4. 뱀이 있는 칸에 걸리면 뱀의 머리 부분으로 내려간다.

게임을 플레이해보니 어떤가요? 여러분이 도달한 칸에 사다리나 뱀이 있는지 계속 확인해야 했을 거예요. 여러분이 체크해야 할 조건이 된 것이죠. 게임 규칙을 메이크코드 형식을 빌려 조건과 명령으로 이루어진 조건문으로 표현해봅시다.

게임 규칙

사다리가 있는 칸에 걸리면
　　사다리의 위로 올라간다.

뱀이 있는 칸에 걸리면
　　뱀의 머리 부분으로 내려간다.

 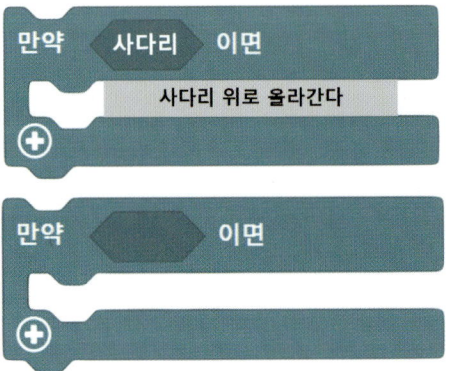

코딩하기

빠르게 걷기 경기장에 빨간색 블록들이 무작위로 생겨났어요. 만약 플레이어가 빨간색 블록 위를 지나면 함정에 걸린 것처럼 뒤로 밀려나게 돼요. 빨간색 블록을 최대한 밟지 않고 이동해야 가장 빨리 도착지점에 도달할 수 있어요.

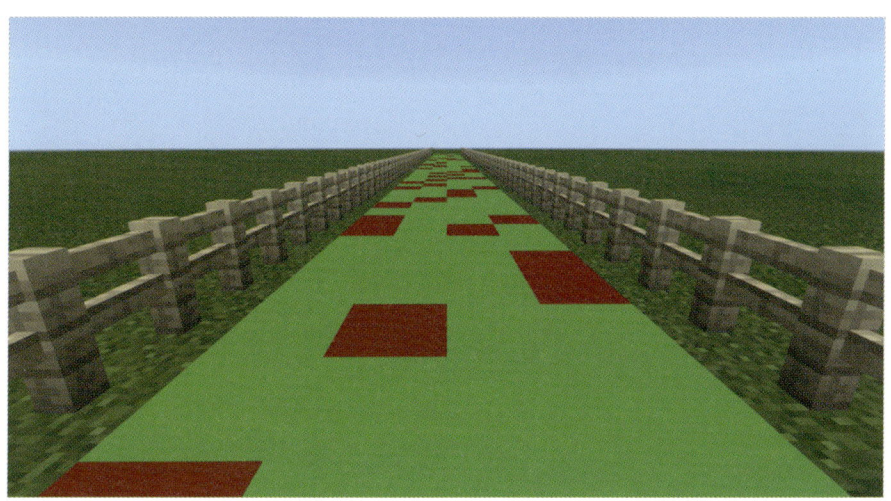

코딩 순서 정리하기

명령어 입력
▼
한쪽 울타리 블록 채우기
▼
다른 쪽 울타리 블록 채우기
▼
초록색 콘크리트 블록 채우기
▼
빨간색 콘크리트 블록 무작위로 70개 놓기

플레이어가 걷고 있으면 실행
▼
플레이어 아래에 빨간색 블록이 있으면 플레이어가 4칸 뒤로 이동

경기장

01 명령어 입력 코드에 'run'을 입력해요.

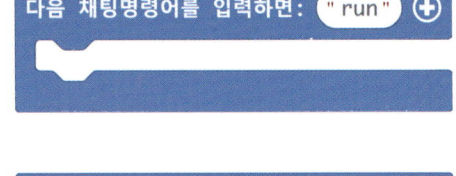

02 　　　 카테고리에서 '블록 채우기' 코드를 01 안에 연결하고, 자작나무 울타리 블록으로 바꿔요. 시작 좌표는 `~4 ~0 ~0`, 끝 좌표는 `~4 ~0 ~60`으로 바꿔요.

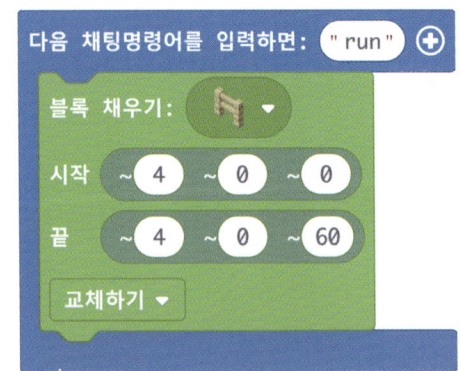

03 '블록 채우기' 코드를 02 아래에 연결하고, 자작나무 울타리 블록으로 바꿔요. 시작 좌표는 `~-1 ~0 ~0`, 끝 좌표는 `~-1 ~0 ~60`으로 바꿔요.

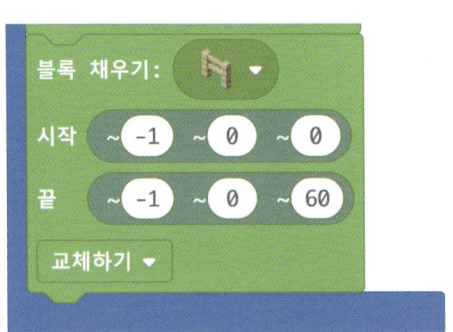

04 '블록 채우기' 코드를 03 아래에 연결하고, 연두색 콘크리트 블록으로 바꿔요. 시작 좌표는 `~0 ~-1 ~0`, 끝 좌표는 `~3 ~-1 ~60`으로 바꿔요.

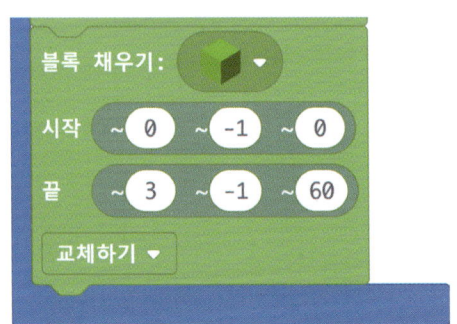

05 　　　 카테고리에서 '( )번 반복 실행' 코드를 04 아래에 연결하고, '70'을 입력해요.

06 　🟦 블록　카테고리에서 '블록 ( )에 놓기' 코드를 05 안에 연결하고, 빨간색 콘크리트 블록으로 바꿔요.

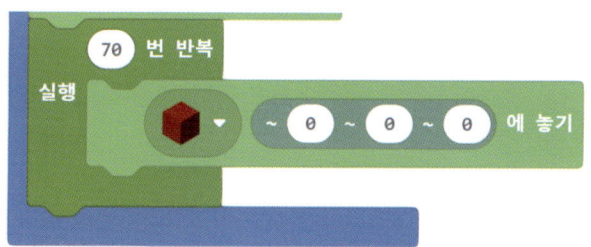

07 　🟪 계산　카테고리에서 '~부터 ~까지의 정수 랜덤값' 코드를 X 좌표와 Z 좌표에 넣은 다음, 각각 0부터 3까지, 0부터 60까지로 바꿔요. Y 좌표에는 -1을 입력해요.

블록 탐지

01 　👤 플레이어　카테고리에서 '플레이어가 (걷고) 있으면 실행' 코드를 가져와요.

02 　🔀 논리　카테고리에서 '만약 (참)이면' 코드를 01 안에 연결해요.

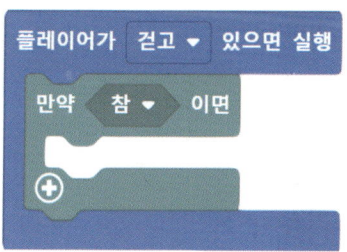

03 　🟦 블록　카테고리에서 '블록 탐지' 코드를 '참(true)' 자리에 넣고, 블록을 빨간 콘크리트로 바꾼 다음, 위치에 ~0 ~-1 ~0 을 입력해요.

04 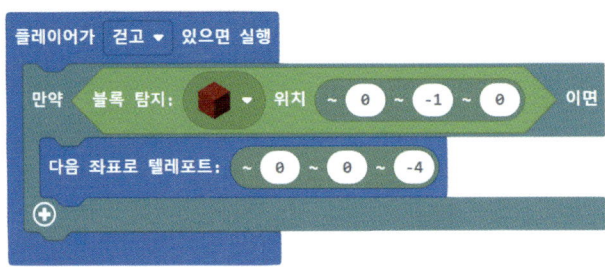 카테고리에서 '다음 좌표로 텔레포트' 코드를 **02** 안에 연결하고, 좌표를 `0 0 -4`으로 바꿔요.

실행하기

실행 위치 **75 0 -45**

01 Enter 키를 누르고, 텔레포트 명령어를 입력하여 명령어를 실행할 장소로 이동해요.

02 명령어 'run'을 입력해 실행 결과를 확인해요.

03 경기장이 나타났다면, 빨간색 콘크리트 블록을 피해 건너편으로 건너가보세요.

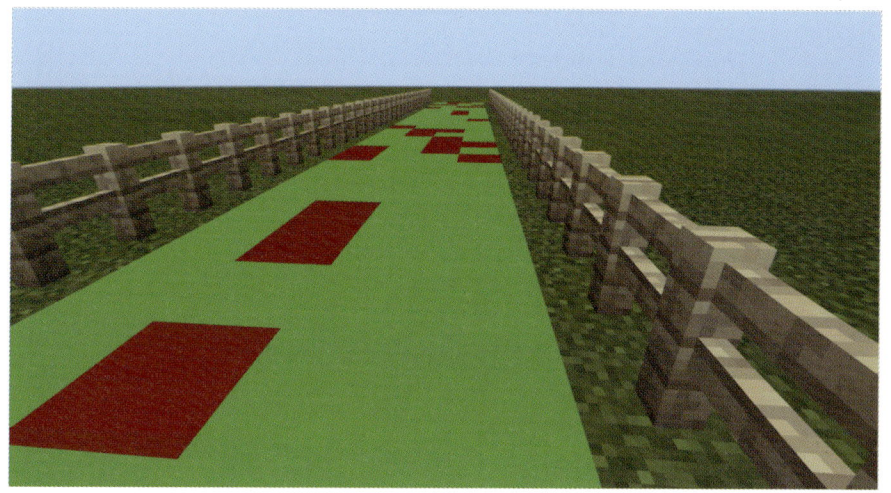

04 빨간색 콘크리트 블록 위를 지나갈 때 뒤로 이동하는지 확인해보세요.

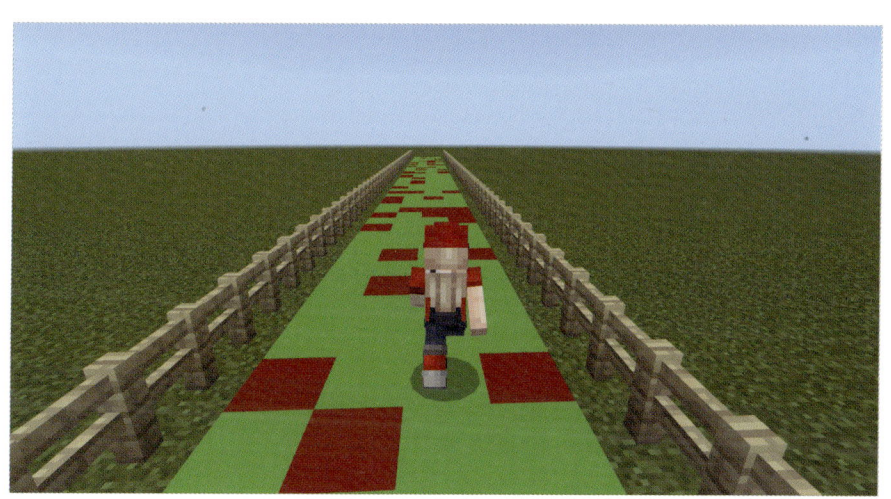

더 나아가기

1 경기장 위에 밝은 파란색 콘크리트 블록을 설치해보세요. 그리고 그 위를 걸으면 4칸 앞으로 텔레포트 되도록 코딩해보세요.

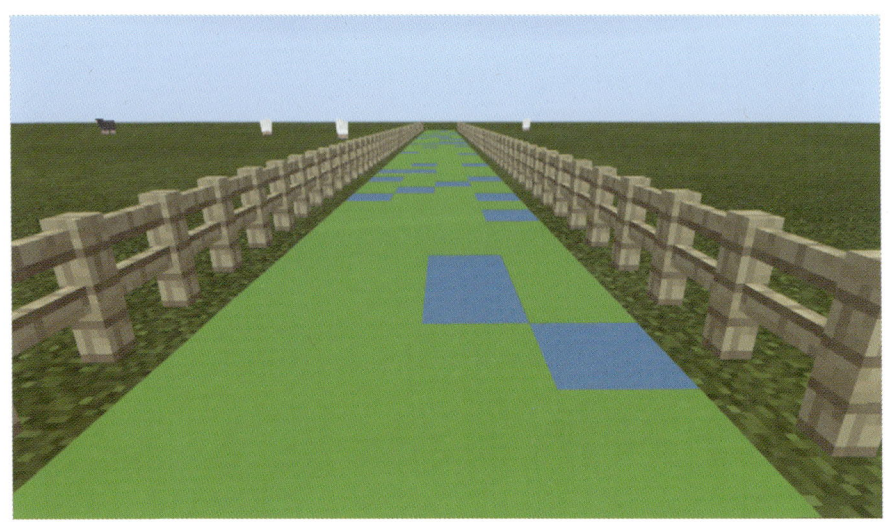

2 빨리 걷기 대회에서 달리기를 하게 되면 패널티를 부여해야 해요. 코드를 추가하여 플레이어가 달리고 있으면 멀미가 나도록 만들어보세요. 멀미가 아닌 여러분만의 다른 패널티를 적용해도 좋아요.

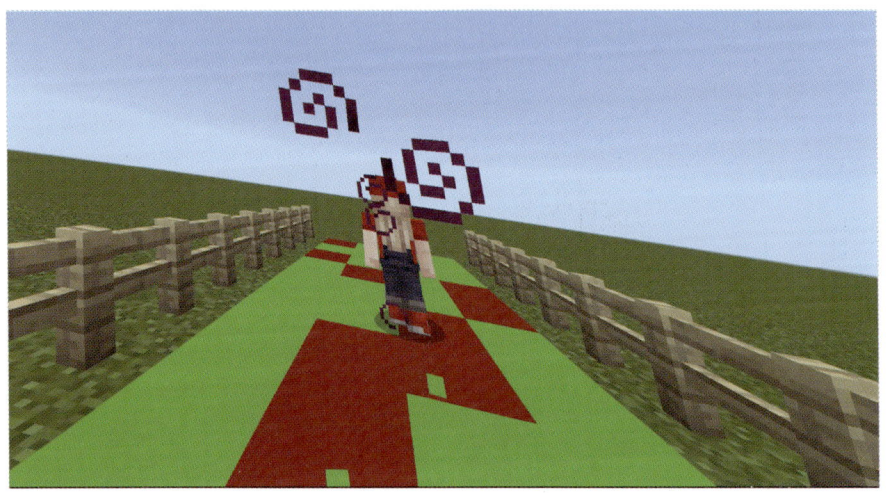

코딩 실습 18

살얼음판 걷기

- **핵심 개념** 조건
- **게임 환경** 크리에이티브 모드, 잔디 맵
- **사용 코드** 반복, 만약이면 실행, 랜덤 위치 선택
- **활동 내용** 아래에 물이 있는 살얼음판을 밟으면 얼음이 깨지고 물에 빠진다.
- **학습 목표** 정해진 범위 내에 랜덤으로 블록을 배치하고, 특정 좌표에 특정 블록이 있는지 탐지하여 조건에 따라 명령이 실행되도록 할 수 있다.

조건문은 조건을 만족하는지 판단하고 조건이 맞을 때에만 명령을 실행해요.
이번 시간에는 살얼음판 아래에 물이 있는지 판단하고 물이 있으면
주변의 얼음이 물로 바뀌는 아슬아슬한 게임을 만들어요.

실행 결과 관찰하기

물이 살짝 언 살얼음판을 만들려고 해요. 얼음이 꽝꽝 언 곳도 있지만 살짝만 얼어서 아래에 물이 있는 곳도 있어요. 살얼음판에서 살금살금 걸으면 어떻게 되는지 영상으로 관찰해봅시다.

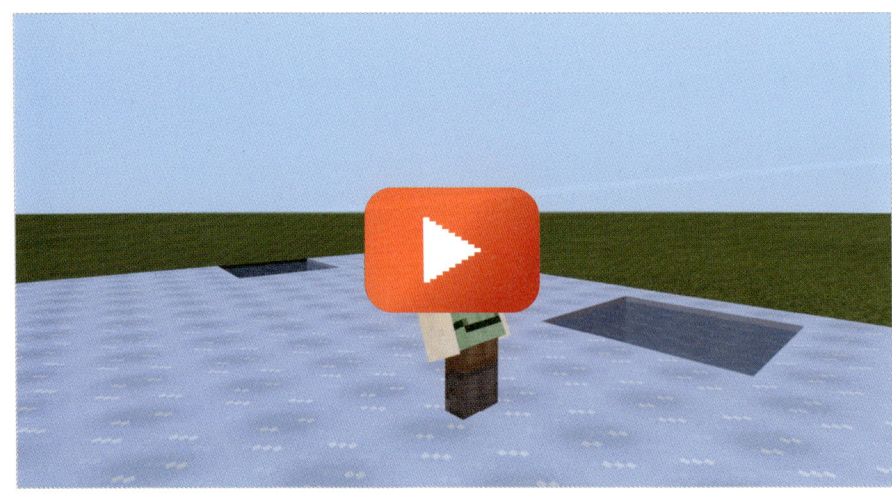

Note **영상 확인** 유튜브에 '메만마테'를 검색하거나 QR 코드로 접속하세요.

살얼음판 전체를 옆에서 바라본 모습을 좌표 평면에 표시하면 아래와 같아요.

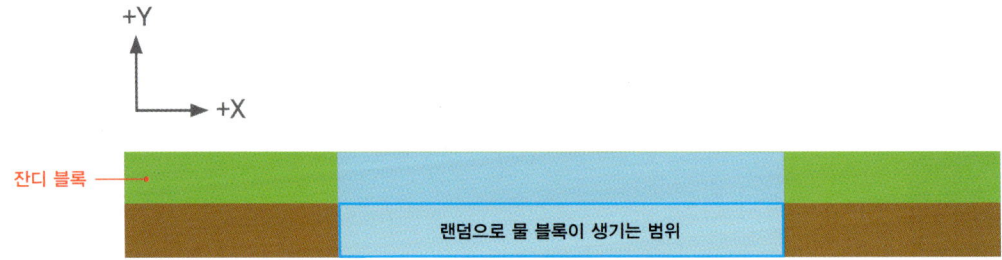

얼음 블록을 투명한 유리 블록으로 바꿔서 보면 물 블록이 랜덤으로 생긴 모습을 볼 수 있어요.

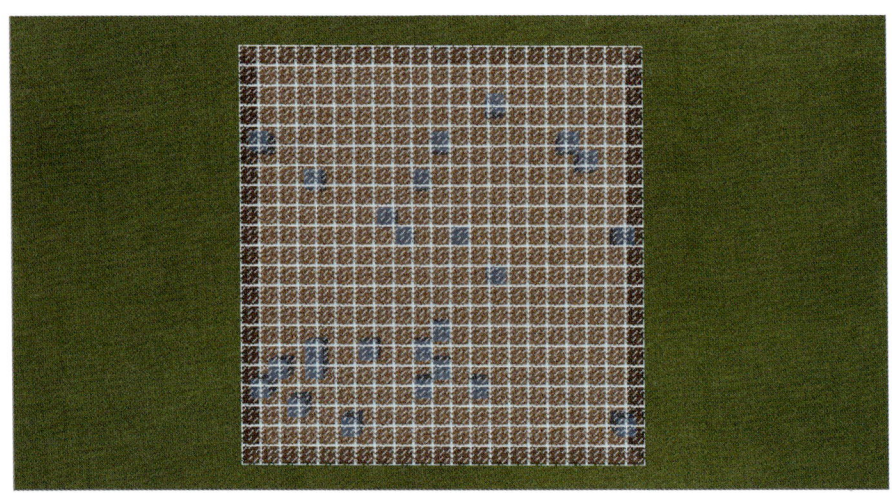

실행 순서 정리하기

실행 영상에서 관찰한 대로 실행 순서를 정리해요. 아래 단어 뭉치에서 적절한 단어를 골라 적어 설명을 완성하세요.

01 채팅창에 명령어 'ice'를 입력해요.

02 플레이어의 현재 좌표를 중심으로 동, 서, 남, 북쪽으로 각각 10칸, 아래로 2칸까지 (~-10 ~-1 ~-10 ~ ~10 ~-2 ~10) _____ 블록을 채워요.

03 얼음으로 채운 범위 중 아래 층에 해당하는 범위(~-10 ~-2 ~-10 ~ ~10 ~-2 ~10)에서 랜덤 위치에 _____ 블록을 25번 반복해서 놓아요.

04 플레이어가 웅크리고 걸어다닐 때 두 칸 아래에 ⬜ 블록을 탐지하면 플레이어 바로 아래 칸과 그 주위(`~1 ~-1 ~1` ~ `~-1 ~-1 ~-1`)가 ⬜ 블록으로 채워져요.

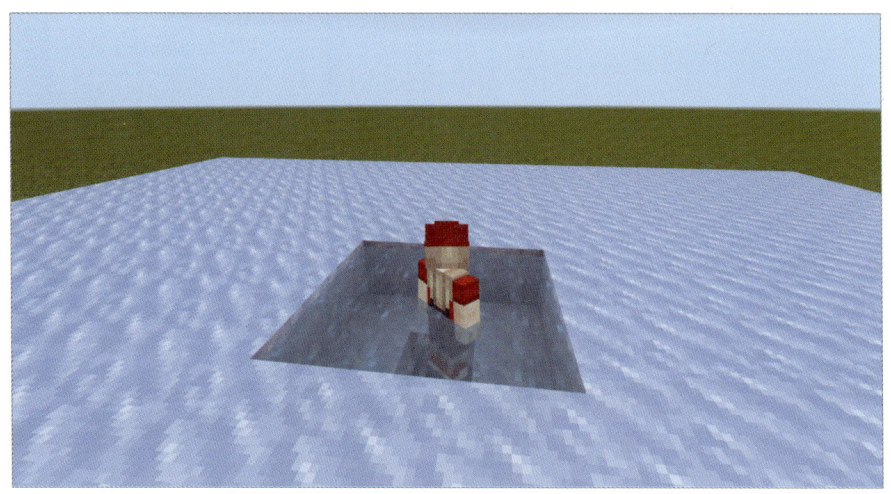

05 플레이어가 물에 빠지면 "조심하세요!" 메시지를 보여줘요.

메이크코드로 표현하기

제시된 카테고리와 코드를 참고하여 정리한 실행 순서에 맞게 메이크코드로 표현해요.

 어렵지 않아요!

플레이어의 현재 좌표를 중심으로
동, 서, 남, 북쪽으로
각각 **10**칸, 아래로 **2**칸까지
()

 **실행하기**

01 Enter 키를 누르고 텔레포트 명령어를 입력하여 살얼음판을 만들 장소로 텔레포트해요.

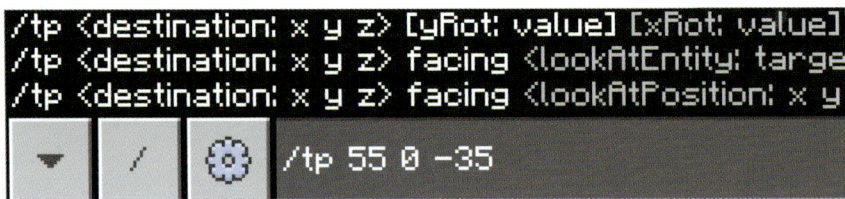

02 명령어 'ice'를 입력해 실행 결과를 확인해요.

03 얼음 위에서 Shift 키를 누른 채 방향키로 플레이어를 움직여보세요.

실행 순서 정리하기

실행 영상에서 관찰한 대로 실행 순서를 정리해요. 아래 단어 뭉치에서 적절한 단어를 골라 적어 설명을 완성하세요.

01 채팅창에 명령어 'ice'를 입력해요.

02 플레이어의 현재 좌표를 중심으로 동, 서, 남, 북쪽으로 각각 10칸, 아래로 2칸까지 (-10 -1 -10 ~ 10 -2 10) _____ 블록을 채워요.

03 얼음으로 채운 범위 중 아래 층에 해당하는 범위(-10 -2 -10 ~ 10 -2 10)에서 랜덤 위치에 _____ 블록을 25번 반복해서 놓아요.

04 플레이어가 웅크리고 걸어다닐 때 두 칸 아래에 _____ 블록을 탐지하면 플레이어 바로 아래 칸과 그 주위(~ -1 -1 -1 ~ ~ -1 -1 -1)가 _____ 블록으로 채워져요.

05 플레이어가 물에 빠지면 "조심하세요!" 메시지를 보여줘요.

메이크코드로 표현하기

제시된 카테고리와 코드를 참고하여 정리한 실행 순서에 맞게 메이크코드로 표현해요.

💡 어렵지 않아요!

플레이어의 현재 좌표를 중심으로
동, 서, 남, 북쪽으로
각각 **10**칸, 아래로 **2**칸까지
()

→

 **실행하기**

01 Enter 키를 누르고 텔레포트 명령어를 입력하여 살얼음판을 만들 장소로 텔레포트해요.

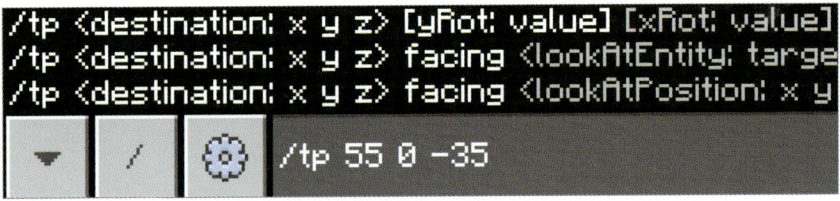

02 명령어 'ice'를 입력해 실행 결과를 확인해요.

03 얼음 위에서 Shift 키를 누른 채 방향키로 플레이어를 움직여보세요.

실행하고 수정하기

코드를 실행해보고 제대로 실행되지 않는 부분을 찾아 코드를 수정해요.

계속 걸어도 살얼음판이 깨지지 않아요.

플레이어가 '걷고 있으면 실행'이 아니라 '웅크리고 있으면 실행'으로 코드가 작성되어 있는지 확인해보세요. Shift 키를 누르고 플레이어를 움직여야 웅크리고 있는 것으로 판단돼요.

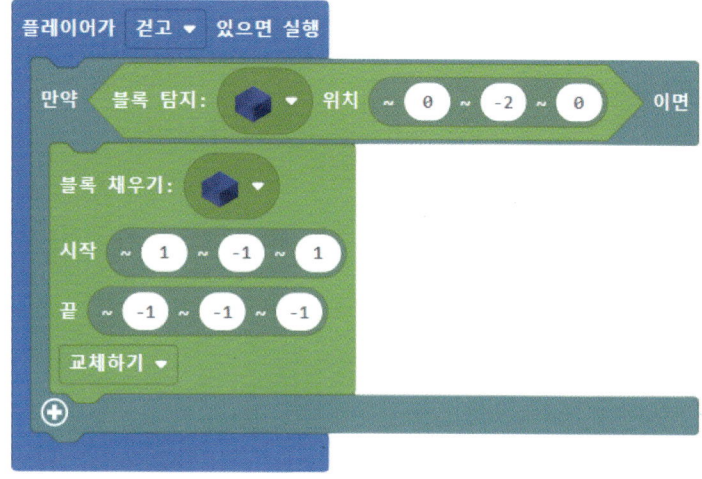

살얼음판 위에서 웅크리고 걸어도 물 블록을 탐지하지 못해요.

단단한 얼음 블록으로 살얼음판을 만든 후 랜덤위치에 물 블록을 놓는 반복문이 있는지 코드를 확인해보세요. 반복문이 없다면 물 블록을 놓는 코드를 1번만 실행해서 물 블록이 1개만 있어요. 넓은 살얼음판에서 물 블록이 하나만 있으면 찾기 어려워요.

조건문은 판단 기준이 되는 조건과 조건을 만족하면 실행하는 명령으로 이루어져 있어요. 조건을 바꾸거나 실행될 명령을 바꾸어 조건문을 새롭게 만들어보세요.

조건(while)

19강 ▶ 점점 작아지는 문 + 20강 ▶ 달팽이 집

★ 개념 설명 ★

19 점점 작아지는 문

- **핵심 개념** while 반복 (~인 동안 실행)
- **게임 환경** 크리에이티브 모드
- **사용 코드** ~인 동안 실행, 변수 값 증가
- **활동 내용** while 반복문과 빌더를 활용해 크기가 점점 커지는 테마파크 정문을 만든다.
- **학습 목표** 조건을 만족하는 동안 반복해서 실행하는 while 반복을 이해할 수 있다.

에어컨 희망 온도를 26℃로 맞추어 두면 기온이 서서히 26℃ 근처로 떨어지는 동안 에어컨이 계속 작동해요. 그러다 26℃에 도달하면 에어컨은 잠시 작동을 멈춰요. 마인크래프트에서도 특정 조건을 만족하는 동안 명령을 실행하는 조건과 반복이 결합한 코드로 작품을 만들 수 있어요.

몸풀기 : 땅 파는 채굴꾼 에이전트

while 반복(~인 동안 실행)을 사용하면 조건이 만족되는 동안 계속해서 같은 명령을 실행해요. 예를 들어 블록이 없어질 때까지 에이전트가 멈추지 않고 땅을 파도록 만들 수 있어요.

★ [에이전트] [반복] 카테고리에서 알맞은 코드를 찾아 아래와 같이 작성해보세요. (횃불이 있는 부분을 유심히 보고 수정해보세요.)

★ 명령어를 입력하여 실행 결과를 확인해보세요.

실행 전	실행 후

★ 관찰한 내용이 맞으면 O, 틀리면 X로 표시하고 올바른 설명이 되도록 고쳐보세요.

에이전트는 위, 아래, 왼쪽, 오른쪽에 블록이 있는지 모두 검사해요. (O, ×)

에이전트는 아래에 블록이 있을 때에만 파괴하고 내려가요. (O, ×)

에이전트는 잔디 블록만 파괴할 수 있어요. (O, ×)

알고가기

아침에 일어나기 위해 전자기기에 알람을 설정해두면, 설정한 시간에 알람이 울려요. 특정 조건을 만족해야 시끄러운 알람을 끌 수 있고, 그때까지 알람은 계속 울리게 돼요.

그런데 알람을 끄는 방법이 버튼을 누르는 것처럼 간단하면 알람을 끄고 다시 잠들어 알람을 맞춘 소용이 없어져요. 알람을 끌 수 있는 조건이 까다로우면 좀 더 유용한 알람이 될 거예요. 침대와 멀리 떨어진 욕실 사진을 찍거나, 수학 문제를 풀거나, 기기를 오랫동안 흔들어서 알람을 끌 수 있게 하면 어떨까요? 여러분만의 독창적인 알람 끄는 조건을 고민해서 적어보세요.

여러분이 생각해 낸 조건에 따라 반복되는 명령을 문장으로 만들고 메이크코드 형식으로 표현해보세요.

예시) 수학 문제를 완전히 풀어야 알람을 끌 수 있다.
- ▶ 수학 문제를 완전히 풀지 못하면 알람이 계속 울린다.
- ▶ 수학 문제를 완전히 풀지 못하는 동안 알람이 울리고, 완전히 풀면 알람이 꺼진다.

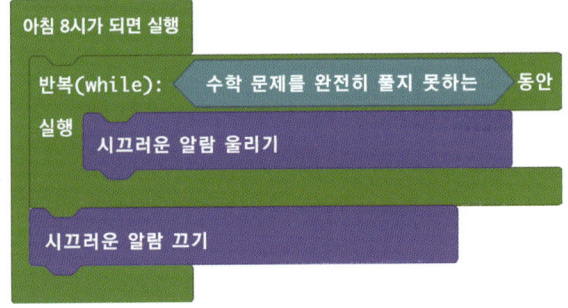

코딩하기

명령어와 숫자를 함께 입력하면 입력한 숫자가 가로, 세로 길이인 네모난 문이 만들어져요. 그리고 입력한 숫자보다 1씩 작아진 문들이 옆으로 생겨요. 만약 숫자 10을 입력했다면 가로, 세로가 10인 문이 생기고, 그 문 옆에 가로, 세로가 9인 문, 8인 문, 7, … 1인 문까지 차례대로 생겨요. 테마파크 입구를 장식하는 멋진 게이트가 만들어져요.

코딩 순서 정리하기

명령어 입력
▼
플레이어 위치로 빌더 텔레포트
▼
빌더 서쪽 바라보기

명령어, 숫자 입력
▼
빌더 위치마크 생성
▼
'숫자'가 0보다 클 동안 반복
빌더 위로 '숫자'만큼 이동
빌더 앞으로 '숫자'만큼 이동
빌더 아래로 '숫자'만큼 이동
빌더 이동한 경로에 블록 놓기
빌더 앞으로 1칸 이동
'숫자'에서 1 빼기

빌더 준비

01 명령어 입력 코드에 'ready'를 입력해요.

02 ▼고급 > 빌더 카테고리에서 '빌더 텔레포트' 코드를 가져와 **01** 안에 연결해요.

03 빌더 카테고리에서 '빌더가 바라보기(서쪽)' 코드를 가져와 **02** 아래에 연결해요.

작아지는 문

01 명령어 입력 코드에 'gate'를 입력해요.

02 'gate' 옆에 있는 ⊕을 클릭하면 num1▼ 이 생겨요.

03 num1▼ 을 클릭하여 '변수 이름 바꾸기'를 선택해요.

04 새로운 변수 이름을 '숫자'로 입력하고, [확인]을 클릭해요.

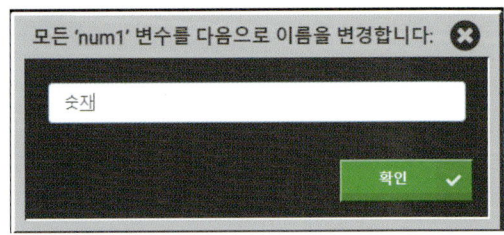

05 &빌더 카테고리에서 '빌더 위치마크 생성' 코드를 가져와 **02** 안에 연결해요.

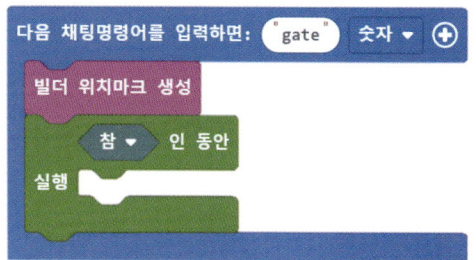

06 C 반복 카테고리에서 '( )인 동안 실행' 코드를 가져와 **05** 아래에 연결해요.

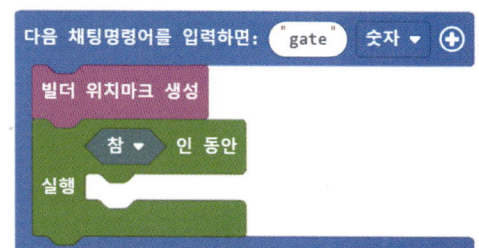

07 논리 카테고리에서 `0 < 0` 코드를 가져와 `참` 부분에 넣어요.

08 0과 0 사이의 '<'를 클릭하여 '>'으로 바꿔요.

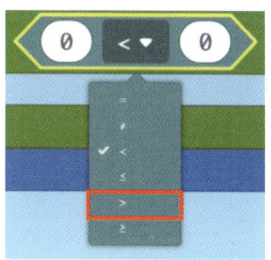

09 변수 카테고리에서 '숫자' 코드를 가져와 왼쪽 '0' 부분에 넣어요.

10 &빌더 카테고리에서 '빌더 이동 방향 (앞으로) 거리' 코드를 **06** 안에 연결해요. 이동 방향을 '위로'로 바꾸고 거리에 '숫자' 코드를 넣어요.

11 '빌더 이동 방향 (앞으로) 거리' 코드를 **10** 아래에 연결해요. 이동 방향은 그대로 두고 거리에 '숫자' 코드를 넣어요.

12 '빌더 이동 방향 (앞으로) 거리' 코드를 **11** 아래에 연결해요. 이동 방향을 '아래로'로 바꾸고 거리에 '숫자' 코드를 넣어요.

13  카테고리에서 '빌더 위치마크부터 이동한 경로에 ( ) 블록 놓기' 코드를 **12** 아래에 연결하고, 블록을 원하는 블록으로 바꿔요.

14 '빌더 이동 방향 (앞으로) 거리' 코드를 **13** 아래에 연결해요.

15 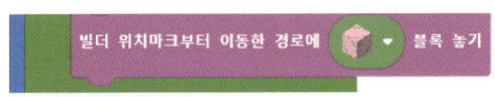 카테고리에서 '숫자 값 증가' 코드를 가져와 **14** 아래에 연결하고 '1'을 '-1'로 바꾸어 입력해요.

실행하기

 33 0 60

01 Enter 키를 누르고, 텔레포트 명령어를 입력하여 명령어를 실행할 장소로 이동해요.

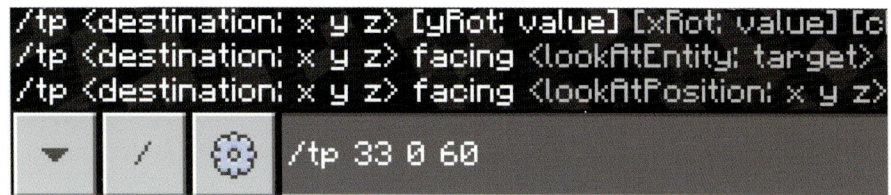

02 명령어 'ready'를 입력해 빌더를 소환해요.

03 명령어 'gate 11'을 입력해 실행 결과를 확인해요.

더 나아가기

1 변수를 추가하거나 코드를 수정하여 점점 커지는 문을 만들어 보세요.

2 점점 커지는 문과 작아지는 문을 붙여 커지다가 작아지는 문을 만들어 보세요.

코딩 실습 20

달팽이 집

- **핵심 개념** while 반복 (~인 동안 실행)
- **게임 환경** 크리에이티브 모드, 잔디 맵
- **사용 코드** ~인 동안 실행, 변수 값 증가
- **활동 내용** 입력한 숫자에 따라 크기가 달라지는 달팽이 집을 만든다.
- **학습 목표** 특정한 조건을 만족시킬 때까지 반복하는 while 반복문을 활용하여 작품을 만들 수 있다.

while 반복문은 미리 설정한 조건을 만족하는 동안 특정 명령을 반복해요.
조건을 만족하는 동안 계속 반복하다가 조건이 만족되지 않는 순간에 반복을 마치고
그 다음 명령을 실행해요. 어떤 명령을 반복하다가
어떤 조건에서 반복을 마칠지 생각하면서 달팽이 집을 만들어봅시다.

실행 결과 관찰하기

가운데로 점점 빨려 들어가는 듯한 미로 모양의 달팽이 집을 만들려고 해요. 달팽이 집이 어떻게 만들어지는지 영상으로 관찰해봅시다.

Note **영상 확인** 유튜브에 '메만마테'를 검색하거나 QR 코드로 접속하세요.

명령어와 함께 숫자 '6'을 입력했을 때 달팽이 집 전체를 위에서 바라본 모습을 좌표평면에 표시하면 아래와 같아요.

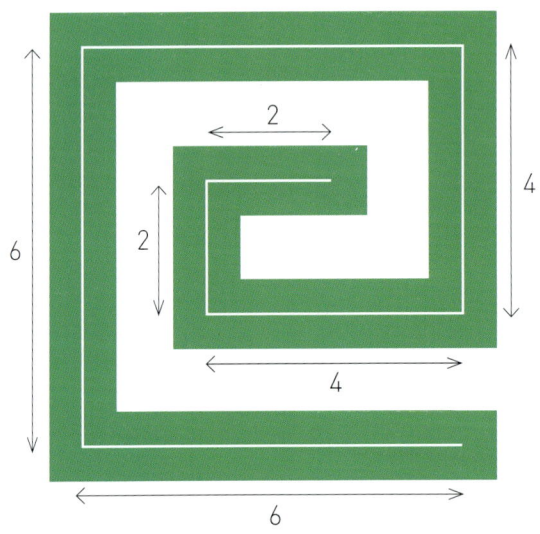

빌더가 회전하는 위치를 기준으로 빌더가 이동하는 거리를 나열하면 6, 6, 6, 4, 4, 2, 2이에요. 어떤 규칙이 있는 것 같나요? 입력한 숫자만큼 세 번 이동하고, 입력한 숫자에서 2를 뺀 숫자만큼 두 번 이동하는 것을 반복해요.

실행 순서 정리하기

실행 영상에서 관찰한 대로 실행 순서를 정리해요. 빌더는 눈에 보이지 않지만 유리 블록으로 바꿔서 보면 빌더의 움직임을 상상할 수 있어요.

01 채팅창에 명령어 'snail'과 숫자를 입력해요. (입력한 숫자는 num1 변수에 저장돼요.)

02 플레이어의 좌표에서 동쪽(+X)으로 10만큼, 남쪽(+Z)으로 10만큼 떨어진 위치 (~10 ~0 ~10)로 빌더가 텔레포트해요.

03 빌더가 위치마크를 생성해요.

04 빌더가 num1 변수 값만큼 앞으로 이동하고 오른쪽으로 돌아요.

05 num1 변수에 저장된 값이 1보다 크거나 같을 동안 다음의 코드를 반복해요.
빌더가 num1 변수 값만큼 앞으로 이동하고 오른쪽으로 돌아요.
다시 빌더가 num1 변수 값만큼 앞으로 이동하고 오른쪽으로 돌아요.
num1 변수 값을 -2만큼 증가시켜요. (2만큼 감소시켜요.)

06 반복을 마치면 빌더가 위치마크부터 높이가 3인 분홍색 양털 블록 벽을 세워요.

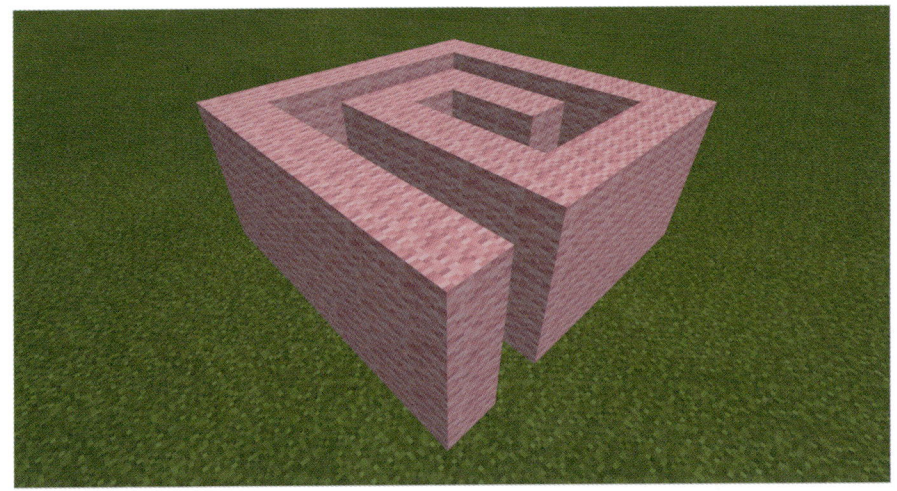

메이크코드로 표현하기

제시된 카테고리와 코드를 참고하여 정리한 실행 순서에 맞게 메이크코드로 표현해요.

빌더가 **num1** 변수 값만큼 앞으로 이동하고 오른쪽으로 돌아요.

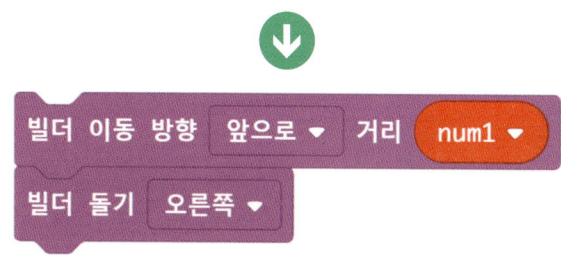

실행하기

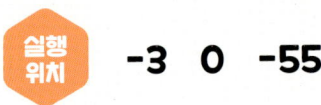

01 Enter 키를 누르고 텔레포트 명령어를 입력하여 달팽이 집을 만들 장소로 텔레포트해요.

02 명령어 'snail'과 달팽이 집의 크기를 결정하는 숫자를 입력하여 실행 결과를 확인해요. 6뿐만 아니라 숫자를 다양하게 입력해서 크기를 비교해보세요. 단, 명령어를 입력할 때마다 플레이어를 다른 곳으로 옮겨야 해요.

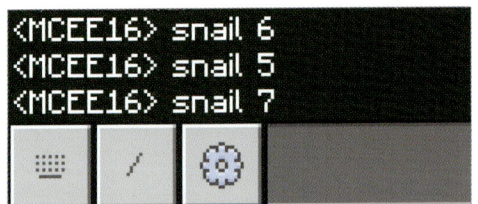

실행하고 수정하기

코드를 실행해보고 제대로 실행되지 않는 부분을 찾아 코드를 수정해요.

홀수를 입력했을 때 달팽이 집 가운데 부분이 조금 비어 있어요!

while 반복문의 조건이 '>'(크다)가 아닌 '≥'(크거나 같다) 코드로 작성되어 있는지 확인해보세요. num1이 1보다 크거나 같은 조건이면 num1이 1일 때 빌더가 1씩 이동해서 가운데를 채워요.

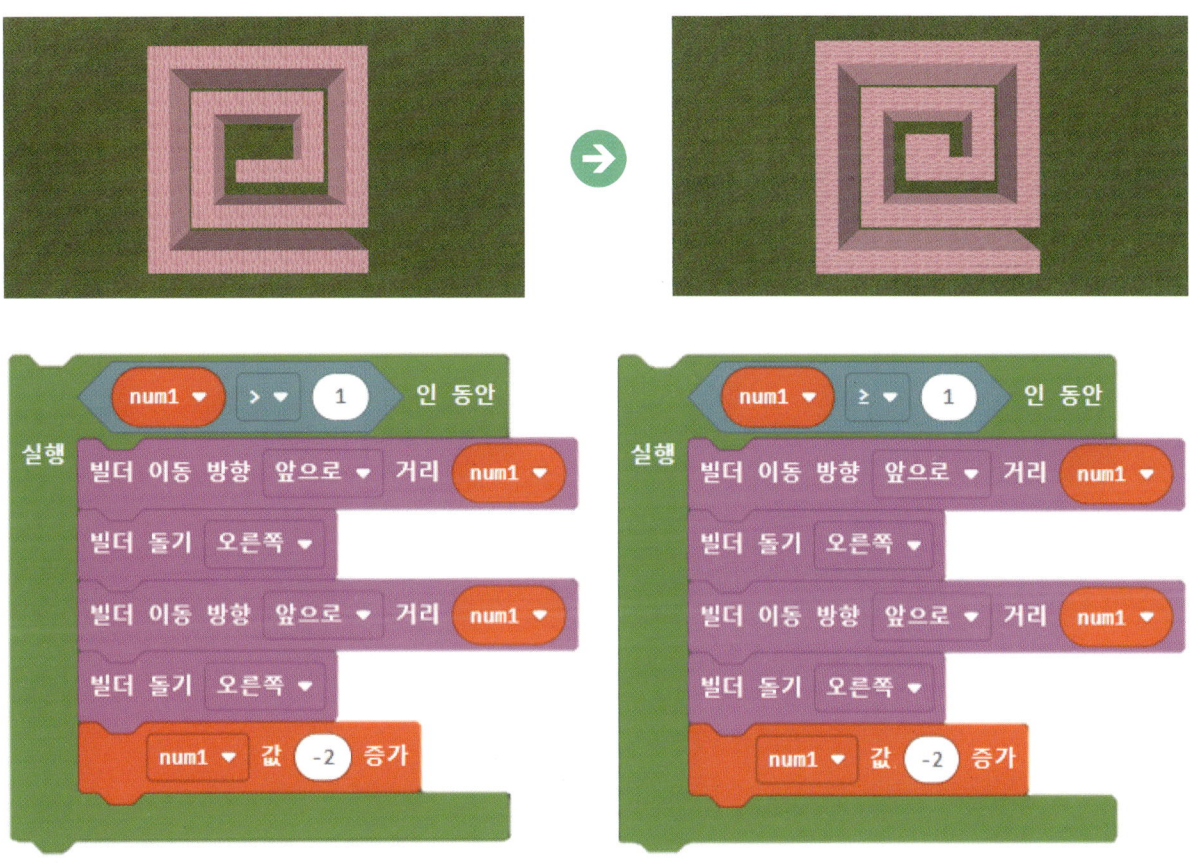

while 반복문을 사용하여 달팽이 집을 만들었어요. 빌더 코드를 활용하여 달팽이 집의 가운데 부분에 황금 블록을 놓아보세요. 미로 같은 달팽이 집의 입구로 들어가 황금 블록을 빨리 찾아가는 게임을 친구와 함께 해 보세요.

복합 I

21강 ▶ 슬라임 번지 + **22강 ▶ 황금 블록 잡기**

★ 개념 설명 ★
21 슬라임 번지

- **핵심 개념** 조건, 변수
- **게임 환경** 크리에이티브 모드
- **사용 코드** 만약 ~이면 실행, 변수에 저장
- **활동 내용** 슬라임 번지대에서 낙하하여 튀어오르다가 황금 블록에 착지한다.
- **학습 목표** 플레이어의 좌푯값을 변수에 저장했다가 필요할 때 불러와서 사용할 수 있다.
  조건을 만족했을 때, 특정 명령을 실행하는 코드를 작성할 수 있다.

플레이어의 발 아래에 어떤 블록이 있는지에 따라 다른 명령이 실행되는 작품을 만들어 볼 거예요.
발 아래에 슬라임 블록이 있다면 플레이어는 어떻게 될까요? 만약 황금 블록이 있다면
어떻게 될까요? 작품을 완성하고 나면 답을 알 수 있을 거예요.

몸풀기 : 미스터리한 침대

변수에 좌표 값을 저장해두면 어디로 이동했든지 상관없이 저장해 둔 위치로 돌아갈 수 있어요. 벗어나고 싶어도 자꾸만 침대 근처로 이동하는 미스터리한 침대를 만들어봅시다.

🚩 '침대'라는 변수를 만든 다음, 카테고리에서 알맞은 코드를 찾아 아래와 같이 작성해보세요. (횃불이 있는 부분을 유심히 보고 수정해보세요.)

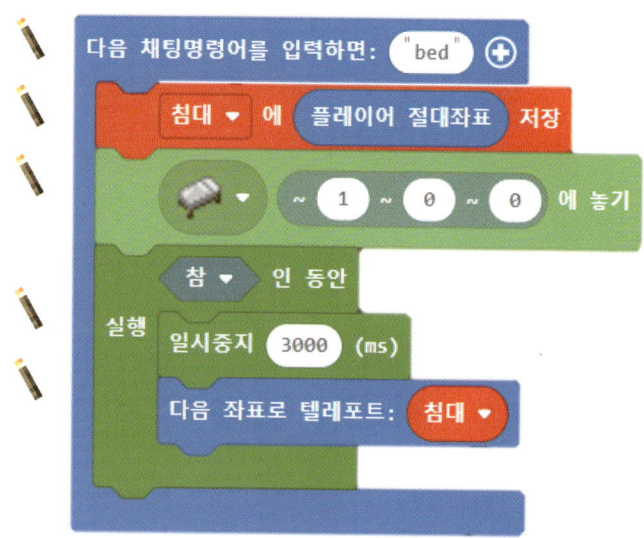

🚩 명령어를 입력하여 실행 결과를 확인해보세요.

🚩 관찰한 내용이 맞으면 O, 틀리면 X로 표시하고 올바른 설명이 되도록 고쳐보세요.

플레이어가 이동한 위치로 침대가 계속 따라와요.   (O, X)

플레이어가 점프를 여러 번하면 침대를 벗어나 되돌아가지 않아요.   (O, X)

침대의 절대좌표는 변하지 않아요.   (O, X)

알고가기

마인크래프트에서 변수에 저장할 수 있는 자료형은 여러 가지가 있어요. 우선 앞서 13강, 14강에서 변수가 활용된 예를 살펴볼까요?

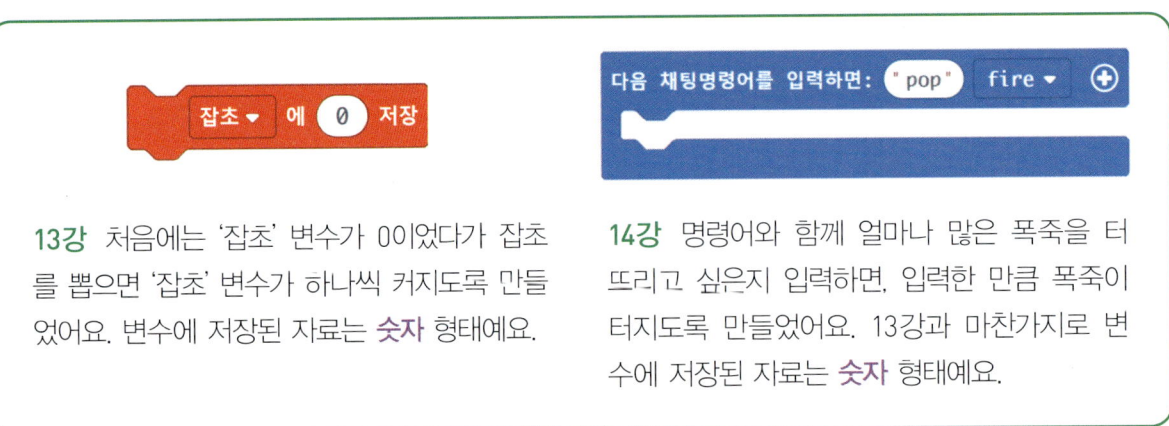

13강 처음에는 '잡초' 변수가 0이었다가 잡초를 뽑으면 '잡초' 변수가 하나씩 커지도록 만들었어요. 변수에 저장된 자료는 **숫자** 형태예요.

14강 명령어와 함께 얼마나 많은 폭죽을 터뜨리고 싶은지 입력하면, 입력한 만큼 폭죽이 터지도록 만들었어요. 13강과 마찬가지로 변수에 저장된 자료는 **숫자** 형태예요.

변수에는 숫자뿐만 아니라 다양한 자료형을 저장할 수 있어요. 마인크래프트 메이크코드에서 저장할 수 있는 대표적인 자료형은 **문자**, **좌표**가 있어요. 아래와 같이 코드를 작성하고 실행하여 직접 확인해보세요.

코딩하기

명령어를 입력하면 높은 번지점프대와 점프할 때마다 통통 튀어오르는 슬라임 바닥이 생겨요. 아무리 높은 곳에서 뛰어도 슬라임 바닥에 닿으면 다치지 않고 튀어오를 수 있어요. 슬라임 바닥에 머무르지 않고 튀어오르다가 황금 블록에 닿는 것이 목표예요. 만약 성공하지 못하면 플레이어가 자동으로 텔레포트 되어 다시 시도할 수 있어요.

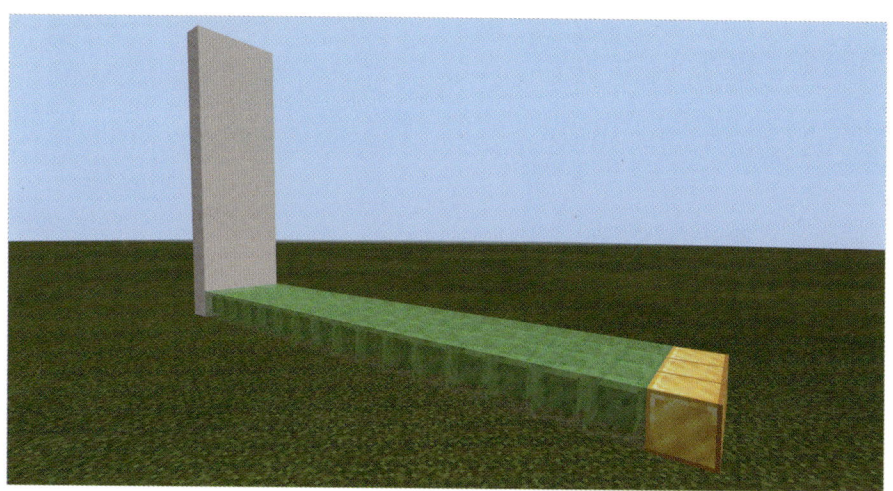

코딩 순서 정리하기

명령어 입력
▼
슬라임 바닥 만들기
▼
황금 블록 착지점 만들기
▼
점프대 만들기
▼
플레이어가 점프대 위로 텔레포트
▼
플레이어 절대좌표 변수 '점프대'에 저장

무한반복 실행
▼
만약 플레이어 아래에 슬라임 블록이 감지되면 '점프대' 좌표로 텔레포트

무한반복 실행
▼
만약 플레이어 아래에 황금 블록이 감지되면 "착지 성공!" 메시지 보여주기

점프대

01 명령어 입력 코드에 'slime'를 입력해요.

02 블록 카테고리에서 '블록 채우기' 코드를 가져와 01 안에 연결한 다음, 슬라임 블록으로 바꿔요. 시작 좌표는 ~-1 ~0 ~15, 끝 좌표는 ~1 ~0 ~0 으로 바꿔요.

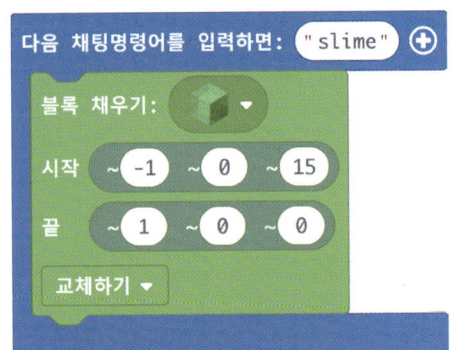

03 02 아래에 '블록 채우기' 코드를 연결해요. 황금 블록으로 바꾸고, 시작 좌표는 ~-1 ~0 ~16, 끝 좌표는 ~1 ~0 ~16 으로 바꿔요.

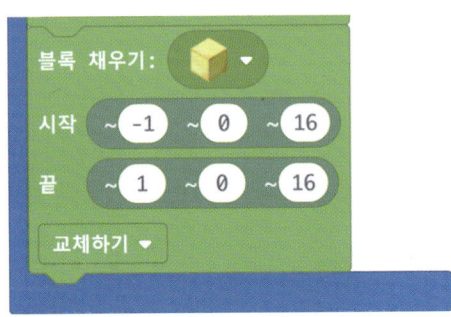

04 03 아래에 '블록 채우기' 코드를 연결해요. 철 블록으로 바꾸고, 시작 좌표는 ~-1 ~0 ~0, 끝 좌표는 ~1 ~10 ~0 으로 바꿔요.

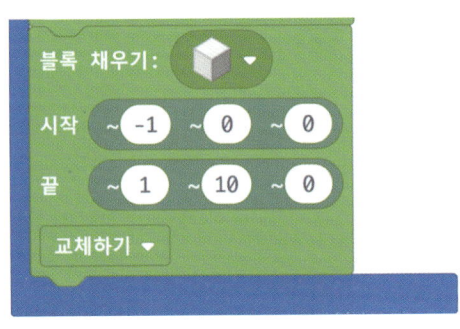

05 플레이어 카테고리에서 '다음 좌표로 텔레포트' 코드를 가져와 04 아래에 연결하고, 좌표를 ~0 ~11 ~0 로 바꿔요.

06 ■ 변수 카테고리에서 변수 만들기... 를 누르고 새 변수 이름에 '점프대'를 입력하고 [확인]을 눌러요.

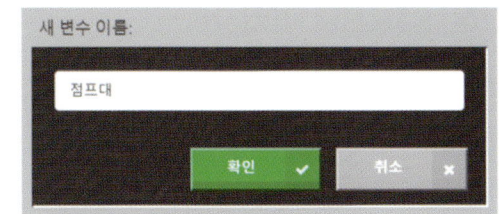

07 ■ 변수 카테고리에서 '(점프대)에 0 저장' 코드를 가져와 05 아래에 코드를 연결해요.

08 ■ 플레이어 카테고리에서 '플레이어 절대좌표' 코드를 가져와 07에 연결해요.

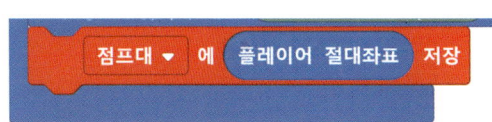

점프대 텔레포트

01 ■ 반복 카테고리에서 '무한반복 실행' 코드를 가져와요.

02 ■ 논리 카테고리에서 '만약 (참)이면 실행' 코드를 가져와 01 안에 연결해요.

03 ■ 블록 카테고리에서 '블록 탐지' 코드를 가져와 02의 (참) 부분에 끼워 넣어요. 슬라임 블록으로 바꾸고, 좌표를 ~0 ~-1 ~0 로 바꿔요.

04 ![플레이어] 카테고리에서 '다음 좌표로 텔레포트' 코드를 가져와 **02** 안에 연결하고, ![변수] 카테고리에서 점프대 로 좌표를 바꿔요.

착지 성공

01 ![반복] 카테고리에서 '무한반복 실행' 코드를 가져와요.

02 ![논리] 카테고리에서 '만약 (참)이면 실행' 코드를 가져와 **01** 안에 연결해요.

03 ![블록] 에서 '블록 탐지' 코드를 가져와 **02**의 (참) 부분에 끼워 넣어요. 블록을 황금 블록으로 바꾸고, 좌표를  로 바꿔요.

04 　게임플레이 카테고리에서 '메시지 보여주기' 코드를 가져와 연결하고, 진한 글자에 "착지성공!"을 입력해요.

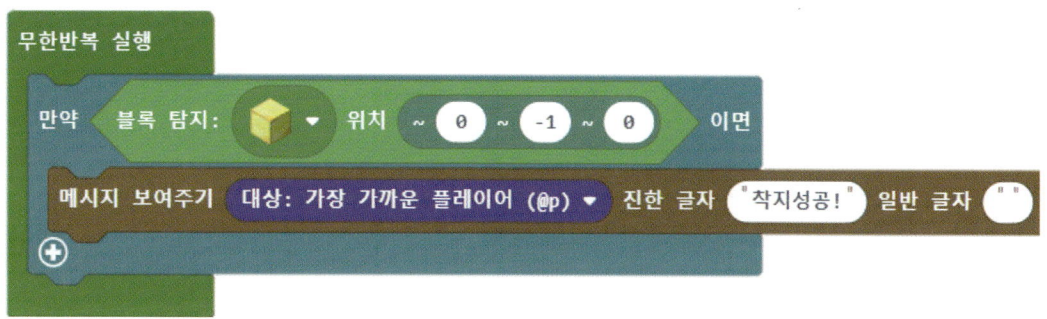

실행하기

01 Enter 키를 누르고, 텔레포트 명령어를 입력하여 슬라임 번지대를 만들 장소로 이동해요.

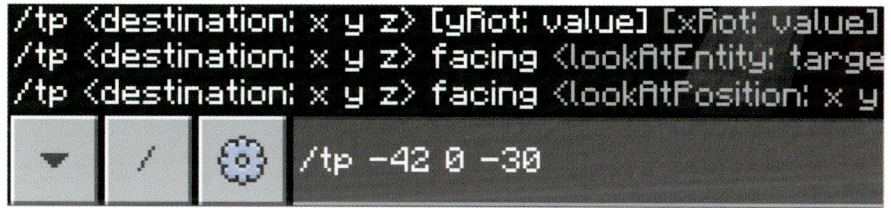

02 명령어 'slime'을 입력해 실행 결과를 확인해요.

03 번지점프대가 완성되었으면, 황금 블록 위에 착지할 수 있도록 점프를 해 보세요. 한 번에 성공하기는 어려울 수 있지만 마우스와 방향키로 잘 조종하여 착지에 성공해보세요.

더 나아가기

 카테고리에서 '다음 효과 부여하기' 코드를 활용하여 더 쉽게, 또는 어렵게 황금 블록에 착지할 수 있도록 해보세요. 다양한 효과를 하나씩 지정하여 체험해보세요.

코딩 실습 22

황금 블록 잡기

- **핵심 개념** 변수, 반복, 랜덤
- **게임 환경** 크리에이티브 모드, 잔디 맵
- **사용 코드** 랜덤 위치 선택, 변수에 저장
- **활동 내용** 공중에 무작위로 황금 블록이 나타나고, 황금 블록이 깨지면 점수가 올라간다. 획득한 점수를 마지막에 확인한다.
- **학습 목표** 랜덤 위치에 나타난 블록을 깨뜨렸을 때 변수가 바뀌는 게임을 만들 수 있다.

오락실에서 두더지잡기 게임을 해본 적 있나요? 동그란 구멍 속에 숨어 있던 두더지가 고개를 빼꼼 내밀면 망치로 때려 점수를 내는 게임이에요. 두더지가 어디서 나올지 모르기 때문에 더욱 재미있어요. 랜덤 위치 선택 코드를 활용하면 마인크래프트 세상에서도 두더지잡기처럼 재미있는 게임을 만들 수 있어요.

 ## 실행 결과 관찰하기

황금 블록 잡기 게임에서는 황금 블록이 어느 위치에 나올지 아무도 예측할 수 없어요. 황금 블록은 코앞에 나타나기도 하고, 등 뒤에 나타날 수도 있어요. 만약 제때 황금 블록을 깨뜨리지 못하면, 1초 만에 사라져버려요. 영상으로 황금 블록 잡기 게임이 어떻게 진행되는지 살펴봐요.

※ **영상 확인** 유튜브에 '메만마테'를 검색하거나 QR 코드로 접속하세요.

황금 블록이 생겨나는 위치를 좌표평면에 표시하면 아래와 같아요. (P: 플레이어 위치)

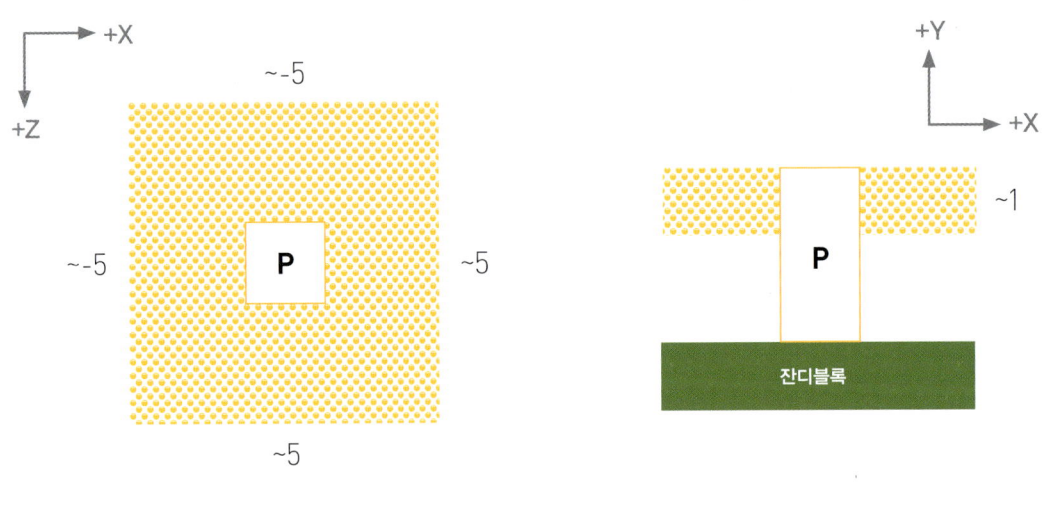

위에서 바라본 모습 　　　　　 옆에서 바라본 모습

실행 순서 정리하기

영상에서 관찰한 대로 실행 순서를 정리해요. 아래 단어 뭉치에서 적절한 단어를 골라 적어 설명을 완성하세요.

01 채팅창에 명령어 'gold'를 입력해요. 점수는 0부터 시작해요.

02 플레이어 주변(~-5 ~1 ~-5 ~ ~5 ~1 ~5) 의 ⬚⬚⬚ 위치에서 ⬚⬚⬚ 블록 1개가 나타나요.

22강 황금 블록 잡기

03 　　　　　 블록이 나타나고 1초(=1000ms) 일시중지 된 후 　　　　　 블록이
　　-10 1 -10 　부터 　 10 1 10 　까지 채워지면서 1개 있었던 　　　　　 블록이
　　　　　 블록으로 교체돼요.

> **Tip** 마인크래프트에서는 시간 단위로 ms(1000분의 1초)를 사용해요. 1초는 1000ms와 같아요

04 황금 블록은 　　　　　 횟수만큼(20번) 　　　　　 위치에 반복해서 생겨났다가 사라져요. (**02**번과 **03**번이 20번 반복돼요.) 　　　　　 블록이 깨지면 점수가 1씩 올라가요.

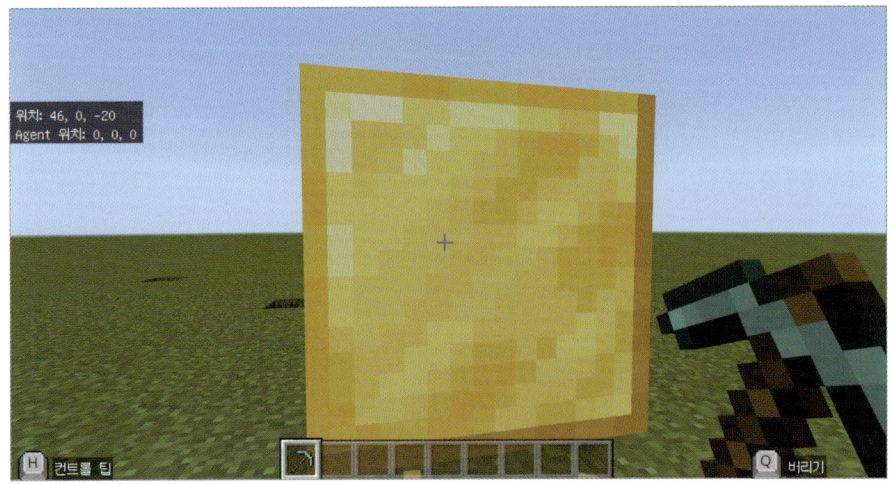

05 20번 반복이 끝나고 나서 "당신의 점수는 ○○점입니다."라는 메시지가 나타나요.

메이크코드로 표현하기

제시된 카테고리와 코드를 참고하여 정리한 실행 순서에 맞게 메이크코드로 표현해요.

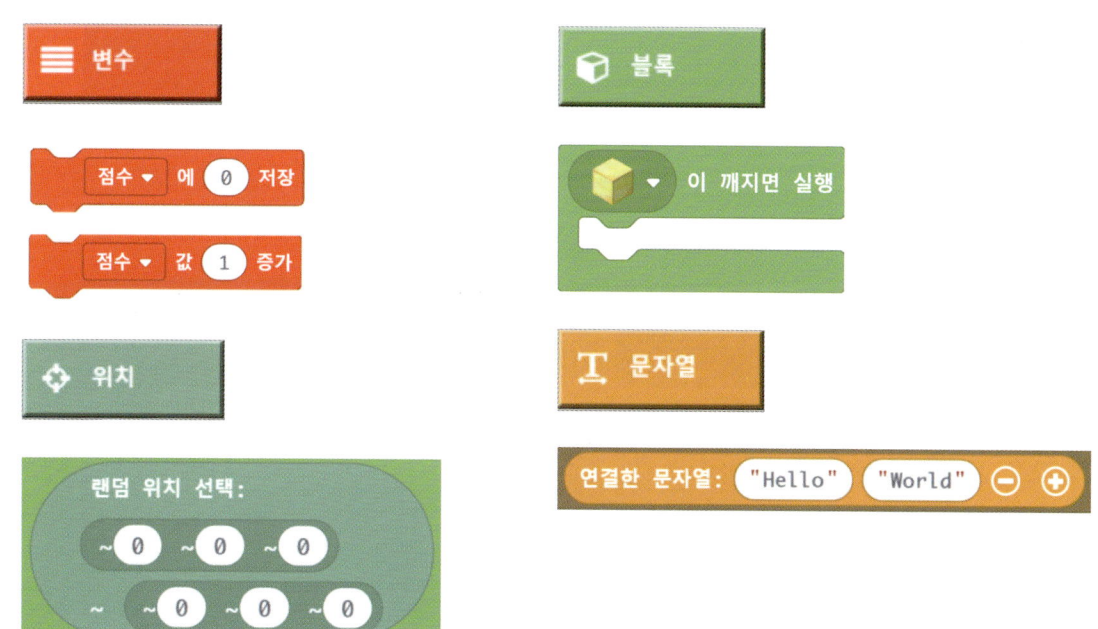

 실행 전 설정하기

완성된 코드를 실행하기 전에 아래와 같이 설정하면 더 재미있게 실행할 수 있어요.

황금 블록을 깨뜨릴 수 있는 다이아몬드 곡괭이 장착하기

01 E키를 눌러 백과사전을 열어요.

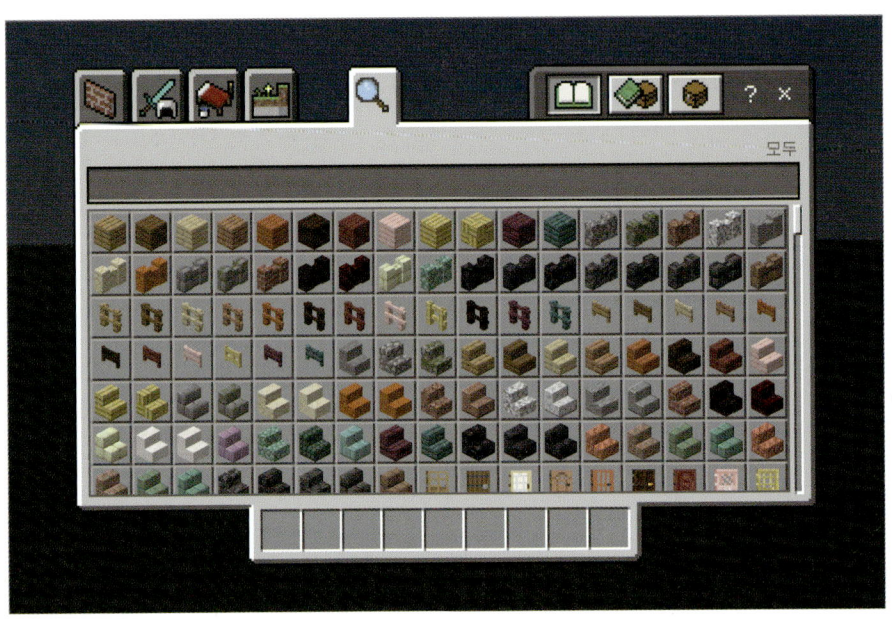

02 검색 창에 '곡괭이'를 입력해요.

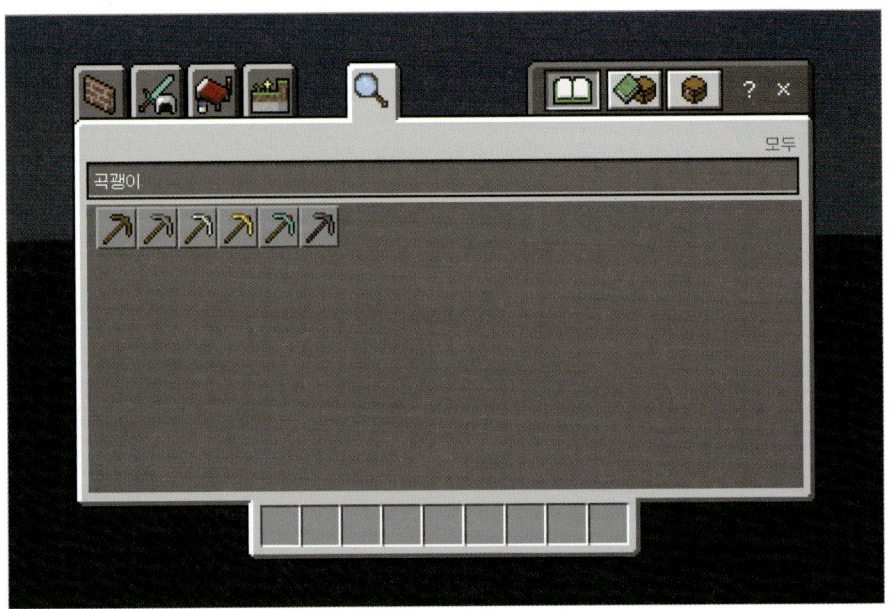

03 '다이아몬드 곡괭이'를 클릭한 다음, 플레이어의 슬롯으로 가져와서 다시 클릭해요.

04 '다이아몬드 곡괭이'가 담긴 슬롯의 번호를 눌러 아이템을 장착해요.

실행하기

01 Enter 키를 누르고 텔레포트 명령어를 입력하여 황금 블록 잡기 실행 장소로 이동해요.

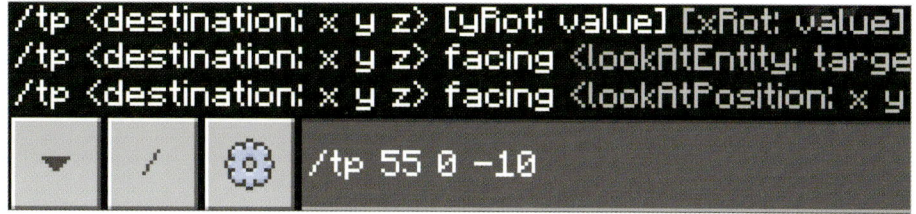

02 명령어 'gold'을 입력해 실행 결과를 확인해요.

실행하고 수정하기

코드를 실행해보고 제대로 실행되지 않는 부분을 찾아 코드를 수정해요.

황금 블록이 아닌 바닥이 사라져요. / 황금 블록이 사라지지 않아요.

블록 채우기 코드의 y 좌표(두 번째 동그라미)를 확인해보세요. 황금 블록은 플레이어보다 1만큼 높은 곳에서 생겨나요. 공기 블록 채우기 코드의 y 좌표도 황금 블록과 같은 높이로 조정해주세요.

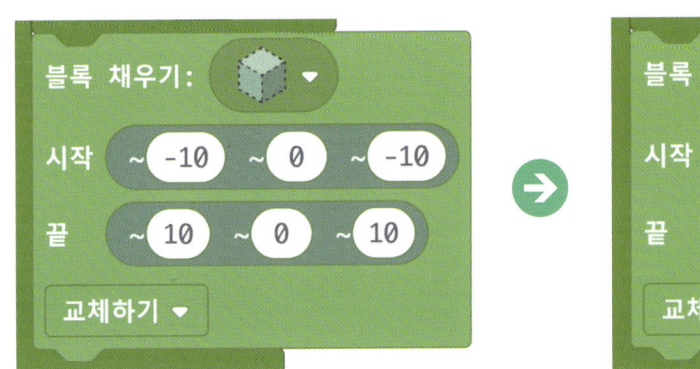

황금 블록을 깨뜨려도 점수가 올라가지 않아요.

'(점수)에 0 저장' 코드의 위치를 확인해보세요. 만약 해당 코드가 반복 코드 안에 들어가 있다면, 아무리 황금 블록을 깨뜨려도 변수는 계속 0으로 저장돼요. '(점수)에 0 저장' 코드를 반복 코드 이전 위치에 연결해보세요.

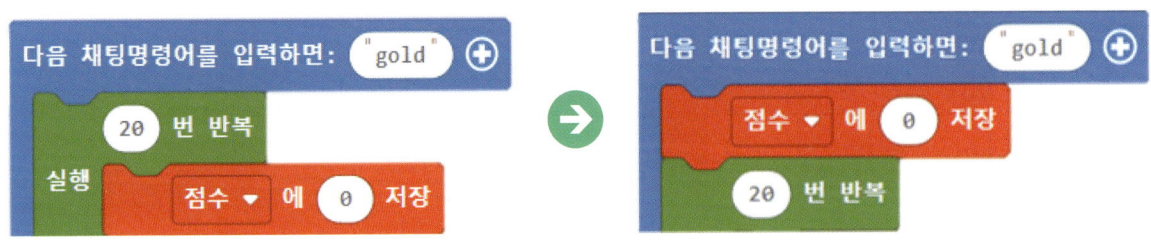

다른 블록을 나타나게 하여 실수로 황금 블록이 아닌 블록을 깨뜨렸을 때 점수가 깎이도록 해 보세요. 그리고 일시중지하는 시간이 랜덤으로 정해지도록 만들어보세요.

더 나아가기

1 다른 모양의 블록도 나타나게 하여 실수로 해당 블록을 깨뜨렸을 때 점수가 깎이도록 해보세요.

2 일시중지하는 시간도 랜덤으로 되도록 만들어보세요.

복합 II

23강 ▸ 아쿠아리움 + 24강 ▸ 징검다리 건너기

★ 개념 설명 ★
23 아쿠아리움

- **핵심 개념** 반복, 랜덤
- **게임 환경** 크리에이티브 모드
- **사용 코드** 블록 채우기, 랜덤 위치 선택
- **활동 내용** 아쿠아리움의 바다랜턴 블록을 깨뜨리면 열대어가 나온다.
- **학습 목표** 좌표가 가리키는 위치를 짐작하고, 특정 좌표 범위 내의 랜덤 위치를 선택할 수 있다.

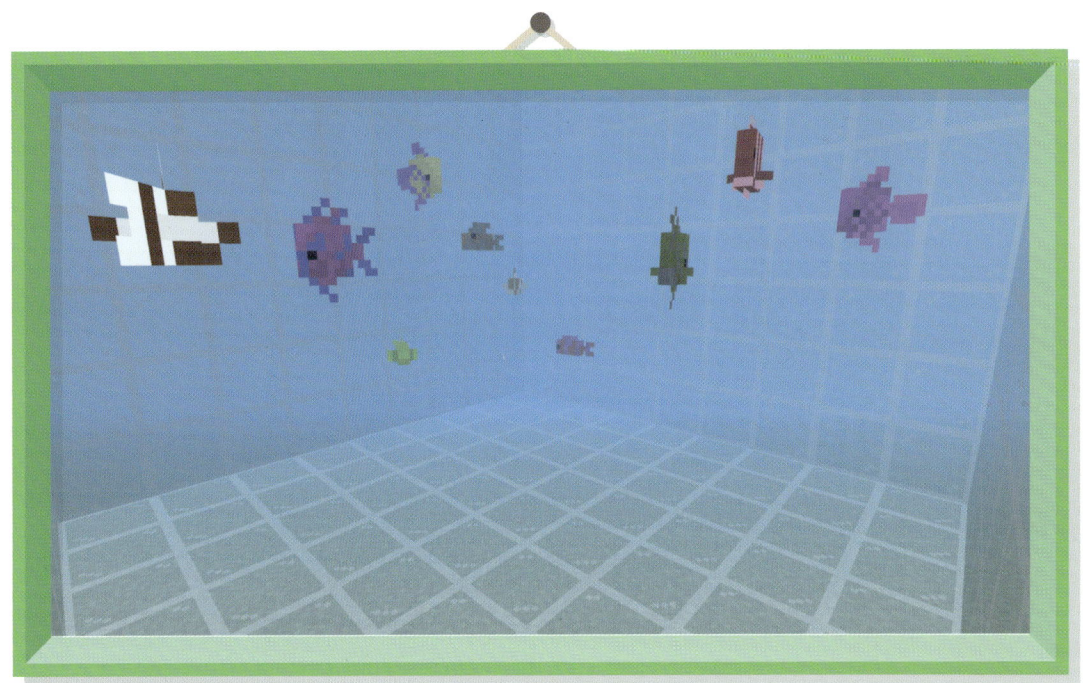

음악 재생목록을 들을 때 정해진 순서 없이 무작위로 듣고 싶으면
랜덤 반복 재생을 할 수 있어요. 한 곡이 끝나면 랜덤으로 선택된, 예상할 수 없는 곡이
다음으로 재생돼요. 마인크래프트에서도 위치를 랜덤하게 지정하는 명령을 여러 번 반복하면
재미있는 작품을 만들 수 있어요.

콤풀기 : 밤하늘을 수놓은 빛나는 별

캄캄한 밤하늘에 별들이 반짝거리게 만들어봅시다. 별들을 불규칙적으로 배치하려면 반복적으로 랜덤 위치에 별이 생겨야 해요.

🚩 [게임플레이] [반복] [블록] [위치] 카테고리에서 알맞은 코드를 찾아 아래와 같이 작성해보세요. (모든 블록을 유심히 보고 수정해보세요.)

Note 바다 랜턴 블록을 사용하세요.

🚩 명령어를 입력하여 실행 결과를 확인해보세요.

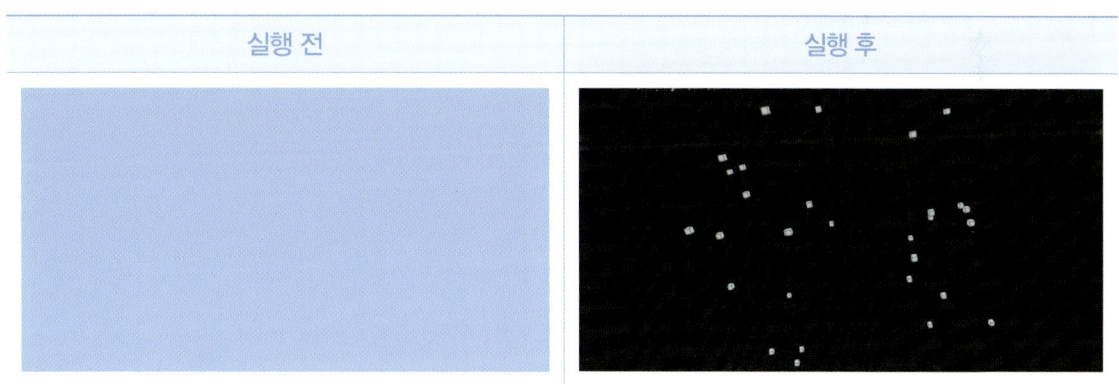

🚩 관찰한 내용이 맞으면 O, 틀리면 X로 표시하고 올바른 설명이 되도록 고쳐보세요.

별들의 위치가 정렬되어 있지 않아요.	(O, ×)
별들이 위치한 높이는 모두 같아요.	(O, ×)
30개의 바다랜턴 별들이 떠 있어요.	(O, ×)

코딩하기

명령어를 입력하면 아쿠아리움의 수조가 먼저 만들어지고, 안에 물이 채워져요. 물 속 랜덤 위치에 바다 랜턴 블록이 생겨요. 플레이어가 바다 랜턴 블록을 깨뜨리면 열대어가 생겨요.

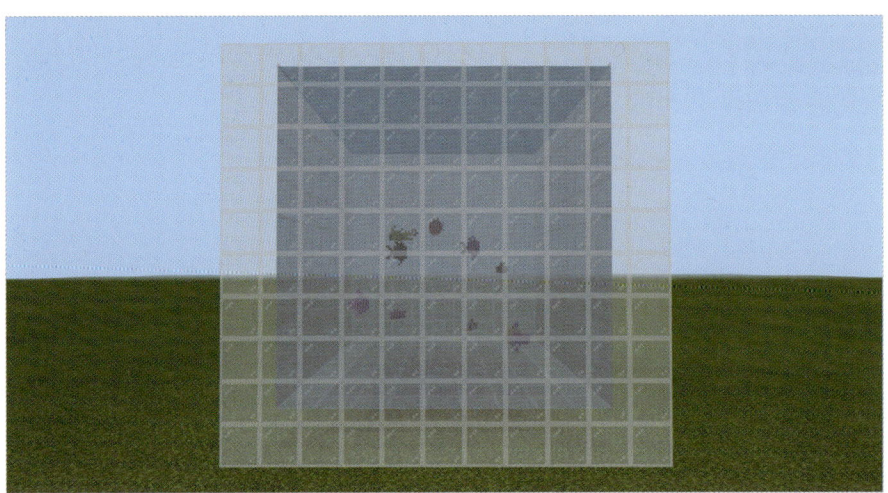

코딩 순서 정리하기

명령어 입력
▼
수조 만들기
▼
수조에 물 채우기
▼
바다랜턴 10개 배치하기
▼
물 속으로 텔레포트하기
▼
메시지 보여주기

바다 랜턴이 깨지면 실행
▼
열대어 소환하기

아쿠아리움 만들기

01 명령어 입력 코드에 'aqua'를 입력해요.

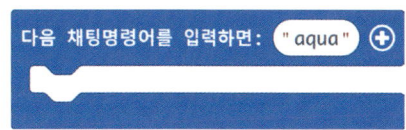

02 블록 카테고리에서 '블록 채우기' 코드를 가져와 **01** 안에 연결한 다음, '흰색 스테인드글라스' 블록으로 바꿔요. 시작 좌표는 ~10 ~0 ~10, 끝 좌표는 ~20 ~9 ~20으로 바꿔요.

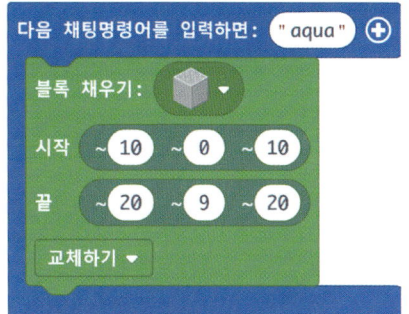

03 **02** 아래에 '블록 채우기' 코드를 연결해요. '물' 블록으로 바꾸고, 시작 좌표는 ~11 ~1 ~11, 끝 좌표는 ~19 ~9 ~19으로 바꿔요.

04 반복 카테고리에서 '( )번 반복 실행' 코드를 가져와 **03** 아래에 연결하고, '10'회로 바꿔요.

05 `블록` 카테고리에서 '블록 놓기' 코드를 가져와 **04** 안에 연결해요. '바다 랜턴' 블록으로 바꿔요.

06 `위치` 카테고리에서 '랜덤 위치 선택' 코드를 가져와 좌표 입력 칸에 넣고, `~ -12 ~ 1 ~ -12` ~ `~ 18 ~ 9 ~ 18` 로 바꿔요.

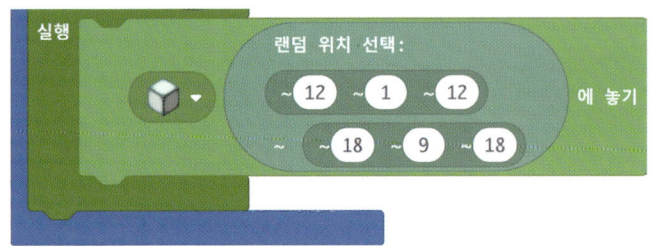

07 `플레이어` 카테고리에서 '다음 좌표로 텔레포트' 코드를 가져와 **04** 아래에 연결하고, `~ 15 ~ 1 ~ 15` 으로 바꿔요.

08 `게임플레이` 카테고리에서 '메시지 보여주기' 코드를 가져와 **07** 아래에 연결하고 진한 글자에 "바다 랜턴을 깨뜨려 보세요."를 입력해요.

바다 랜턴 블록 깨기

01 블록 카테고리에서 '( )이 깨지면 실행' 코드를 가져와 블록을 '바다 랜턴'으로 바꿔요.

02 몹 카테고리에서 '소환 (동물)를 위치' 코드를 가져와 01 안에 연결하고 몹을 '열대어'로 변경해요.

실행하기

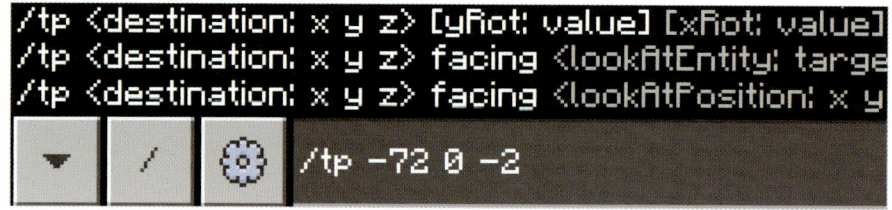

01 Enter 키를 누르고, 텔레포트 명령어를 입력하여 아쿠아리움을 만들 장소로 이동해요.

02 명령어 'aqua'를 입력하고 실행 결과를 확인해요.

03 아쿠아리움이 완성되면 바다 랜턴을 깨뜨려 열대어를 소환해보세요.

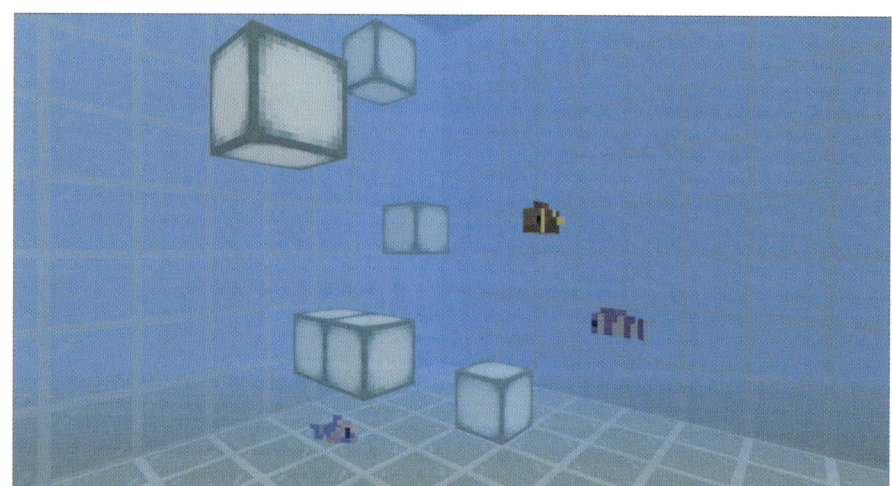

더 나아가기

블록놓기의 좌표를 활용해서 공중에 떠 있는 아쿠아리움을 만들어보세요. 플레이어는 땅에 있다가 공중에 떠 있는 아쿠아리움 안으로 텔레포트 되도록 코딩해보세요.

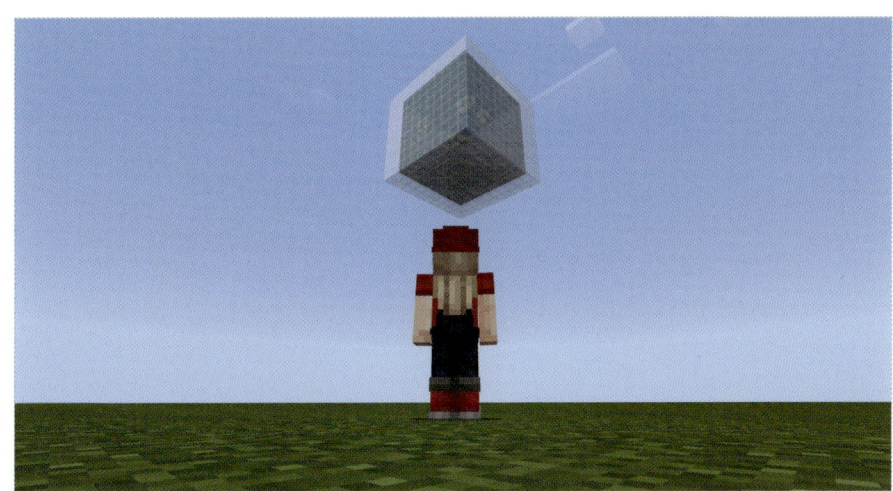

코딩 실습 24
징검다리 건너기

- **핵심 개념** 모양, 반복, 빌더, 랜덤
- **게임 환경** 크리에이티브 모드, 잔디 맵
- **사용 코드** 원 모양 만들기, ~번 반복 실행, 빌더 이동
- **활동 내용** 웅덩이에 징검다리를 만들어, 물에 빠지지 않고 징검다리를 건너면 성공한다.
- **학습 목표** 앞서 다룬 개념들(모양, 반복, 빌더, 랜덤)을 자유롭게 활용하여 작품을 만들 수 있다.

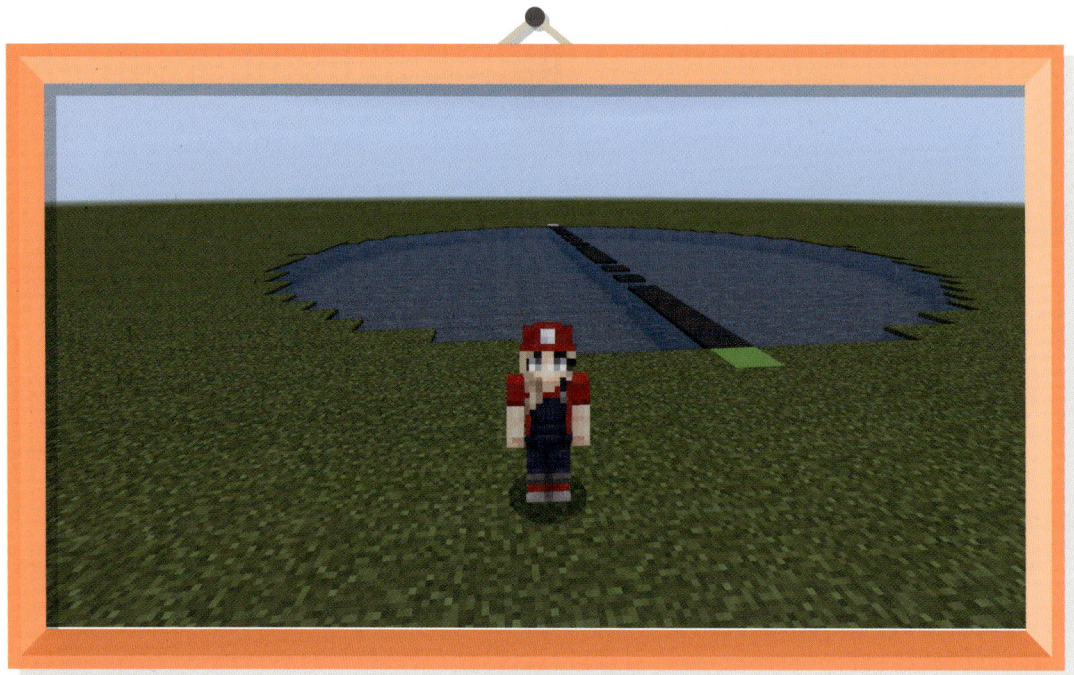

그동안 배운 개념들 중 모양, 반복, 빌더, 랜덤을
종합적으로 활용해서 마지막 작품을 만들어보려고 해요.
각 개념을 떠올리며 웅덩이와 징검다리를 만들어봅시다.

실행 결과 관찰하기

원 모양 만들기로 웅덩이를 만들고 웅덩이를 가로지르는 징검다리를 만들려고 해요. 실행 영상으로 어떻게 웅덩이와 징검다리가 만들어지는지 관찰해봅시다.

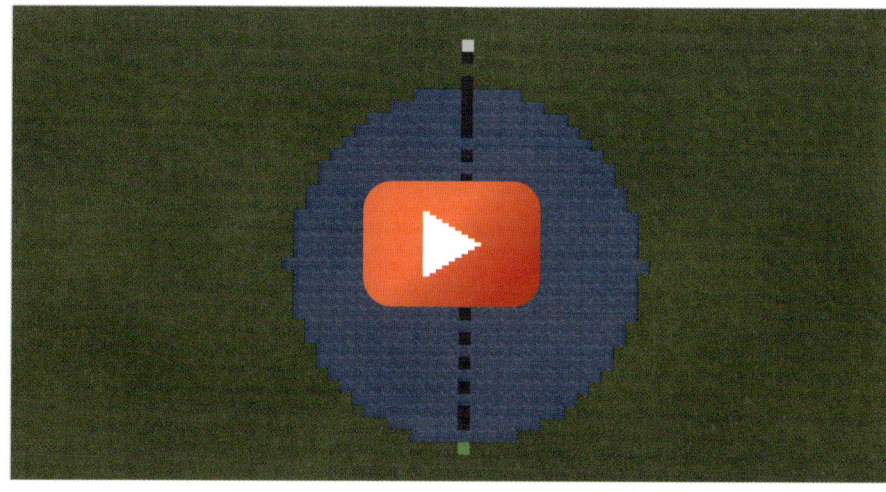

Note **영상 확인** 유튜브에 '메만마테'를 검색하거나 QR 코드로 접속하세요.

관찰한 결과와 일치하도록 괄호 안에 알맞은 단어를 찾아 표시해보세요.

◆ 웅덩이는 (잔디 , 물) 바닥 대신 (잔디 , 물)로 차 있다.

◆ 징검다리는 (규칙적으로 , 불규칙적으로) 간격이 생긴다.

◆ 징검다리를 건너기 시작하는 부분은 (흰색 , 녹색) 블록으로 표시되어 있다.

◆ 물 웅덩이에 빠지면 (열 칸 뒤에서 , 그 자리에서) 다시 징검다리를 건넌다.

 ## 실행 순서 정리하기

실행 영상에서 관찰한 대로 실행 순서를 정리해요. 빈 칸에 알맞은 숫자를 적어 설명을 완성하세요.

01 채팅창에 명령어 'stone'을 입력해요.

02 플레이어의 한 칸 아래, 북쪽으로 20만큼 떨어진 `~0 ~-1 ~-20`을 중심으로, 반지름은 15이고 방향이 y 좌표인 원 모양으로 물 블록이 교체되어 생겨나요.

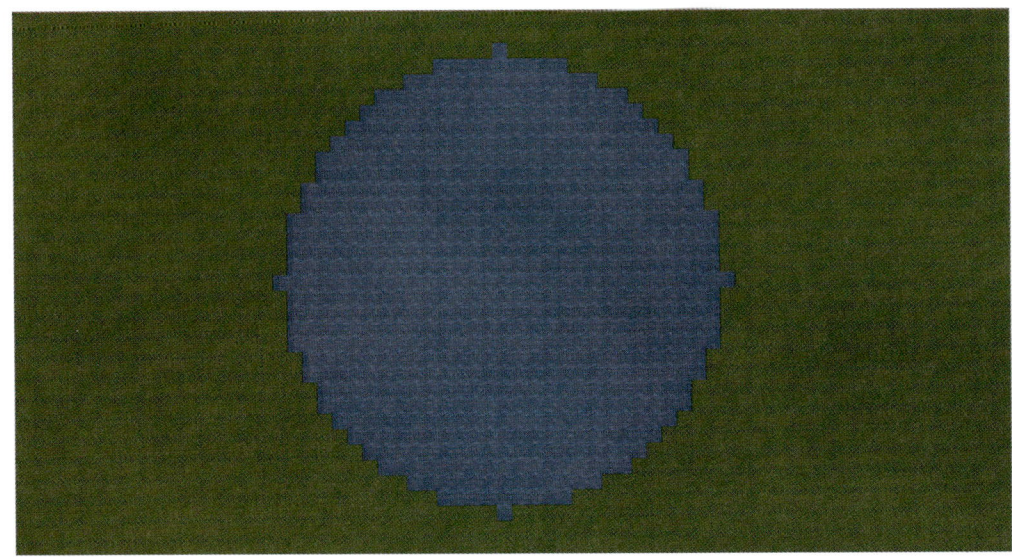

03 빌더를 플레이어의 한 칸 아래, 북쪽으로 5만큼 떨어진 (~0, ~☐, ~☐) 웅덩이의 가장자리에 텔레포트하고, 연두색 콘크리트 블록을 놓아요.

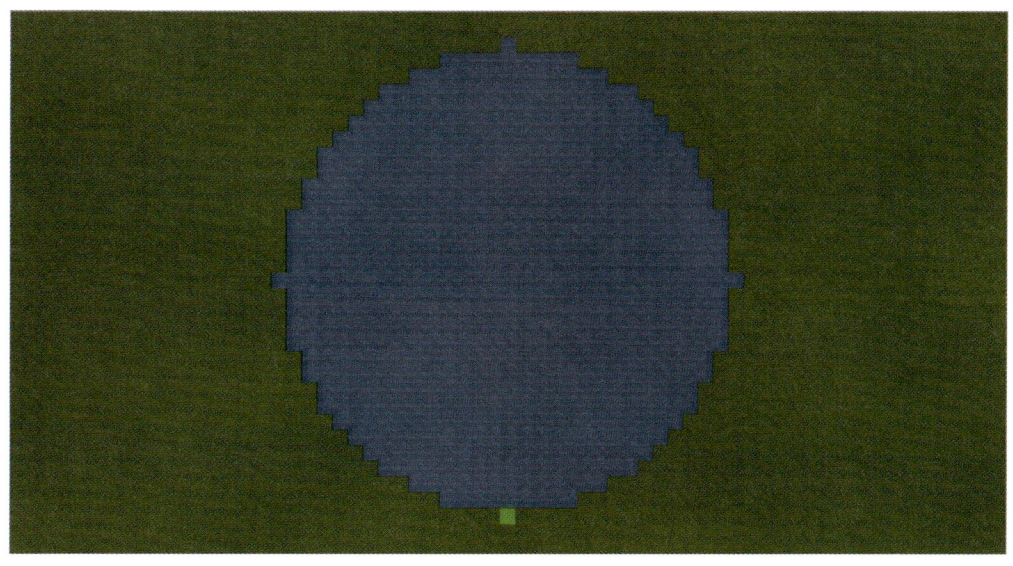

04 빌더는 1부터 2까지의 랜덤 값만큼 앞으로 이동하고 회색 콘크리트 블록을 놓아요. 빌더가 랜덤 값만큼 이동하고 블록을 놓는 코드를 22회 반복해요. 반복을 마치면 빌더가 흰색 콘크리트 블록을 놓아요.

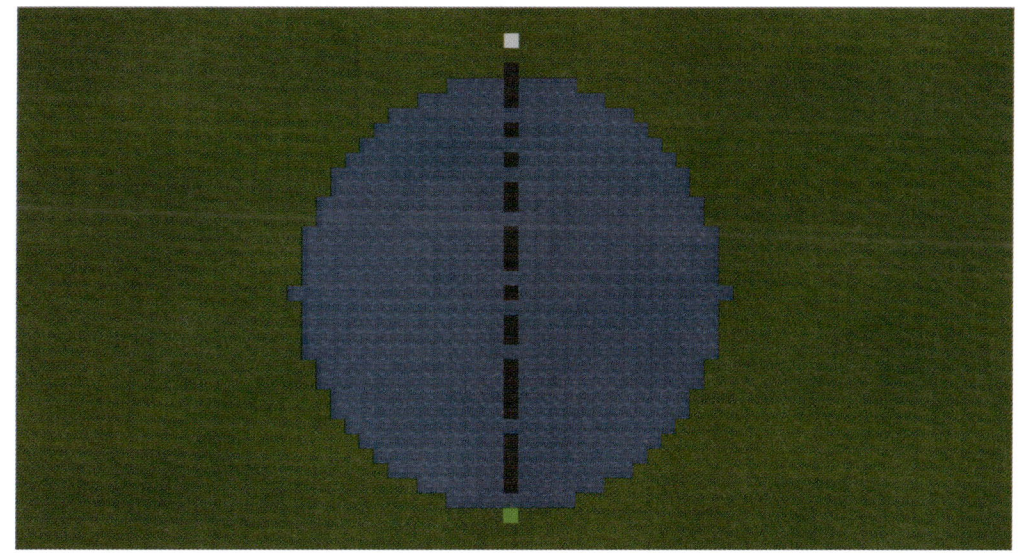

05 플레이어가 물에서 수영하고 있으면 실행해요.

06 플레이어의 한 칸 위, 남쪽으로 10만큼 떨어진 (~0, ~⬚, ~⬚) 위치로 텔레포트해요.

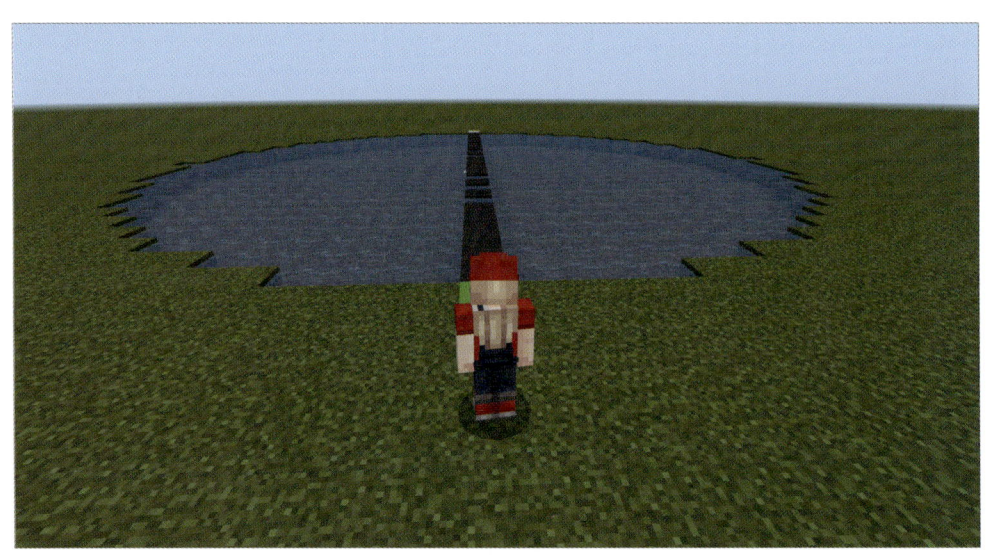

07 징검다리 마지막에 있는 흰색 콘크리트 블록이 깨지면 실행해요.

08 "성공!" 메시지를 보여줘요.

메이크코드로 표현하기

제시된 카테고리와 코드를 참고하여 정리한 실행 순서에 맞게 메이크코드로 표현해요.

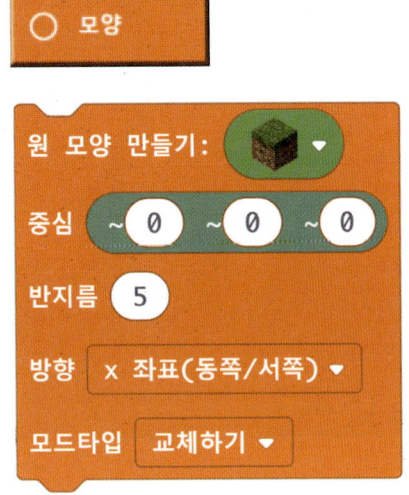
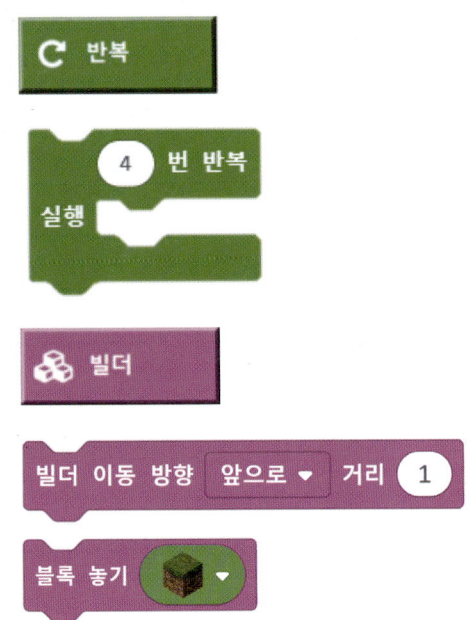

 **실행하기**

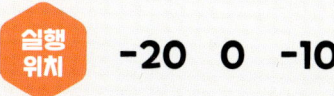

01 Enter 키를 누르고 텔레포트 명령어를 입력하여 웅덩이와 징검다리를 만들 장소로 텔레포트해요.

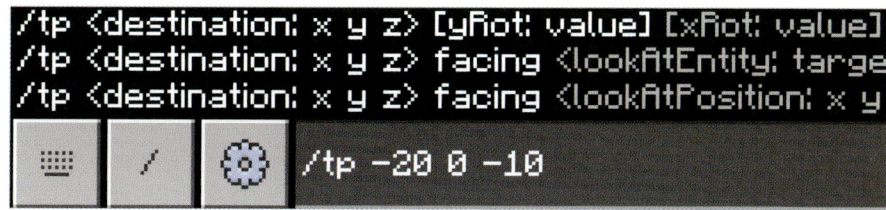

02 명령어 'stone'을 입력해 실행 결과를 확인해요.

03 연두색 콘크리트 블록에서 출발해서 징검다리를 건너요. 웅덩이에 빠지지 않도록 조심하면서 흰색 콘크리트 블록을 깨뜨리러 가요.

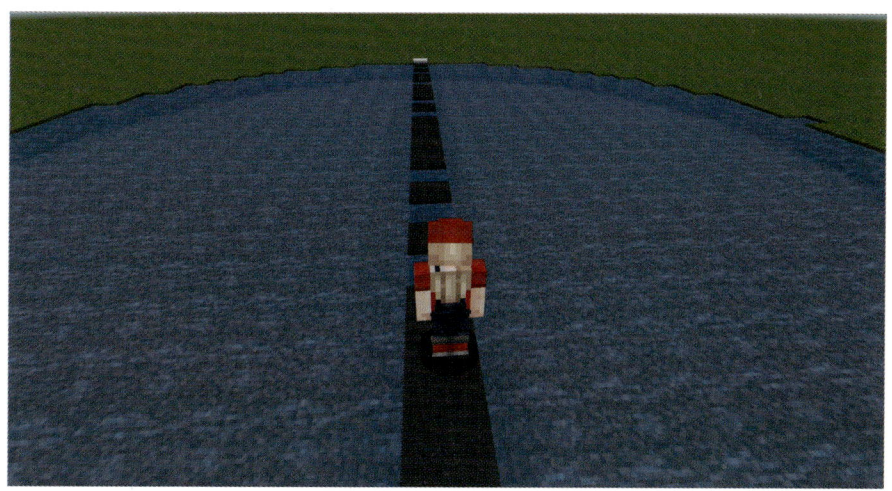

실행하고 수정하기

코드를 실행해보고 제대로 실행되지 않는 부분을 찾아 코드를 수정해요.

징검다리가 회색 콘크리트 블록이 아닌, 흰색 콘크리트 블록으로 생겨요.

'흰색 콘크리트' 블록이 '(   )번 반복 실행' 코드 안에 연결되어 있지 않은지 확인해보세요.

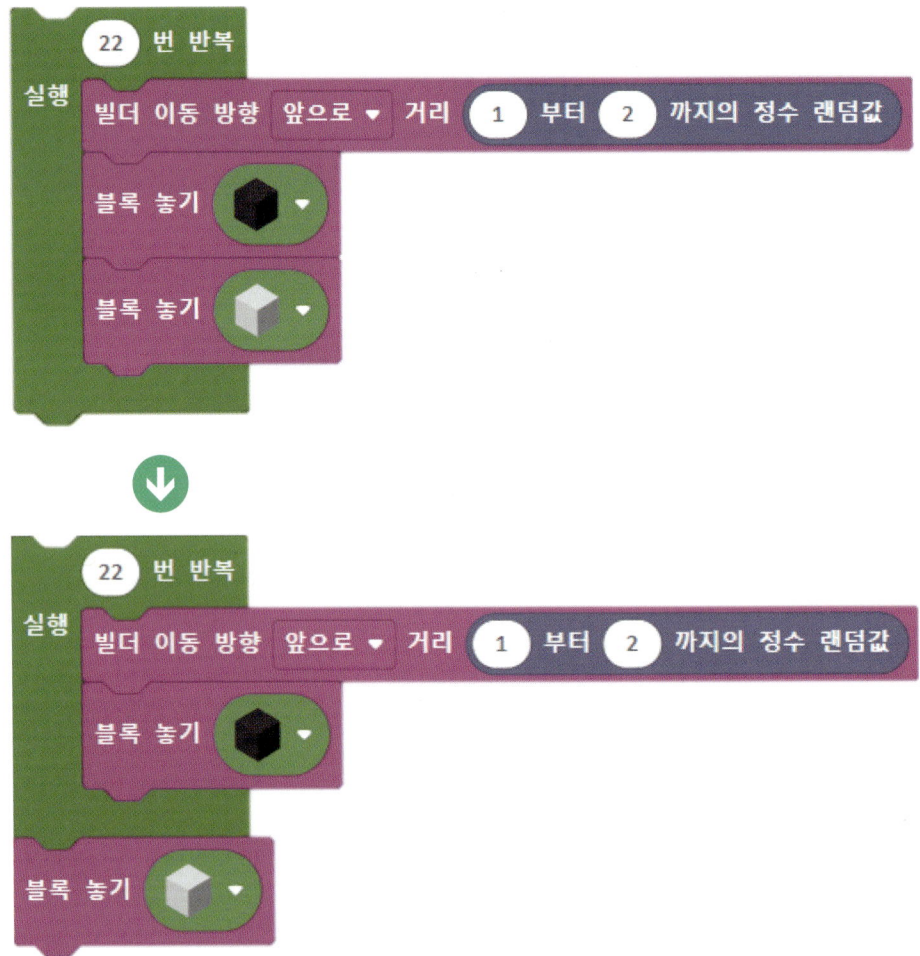

징검다리가 웅덩이의 중심을 지나지 않아요.

징검다리와 웅덩이가 온전히 생성될 때까지 시간이 조금 걸려요. 명령어를 입력하고 나서 작성한 코드가 모두 실행될 때까지 플레이어를 움직이지 말고 기다려보세요.

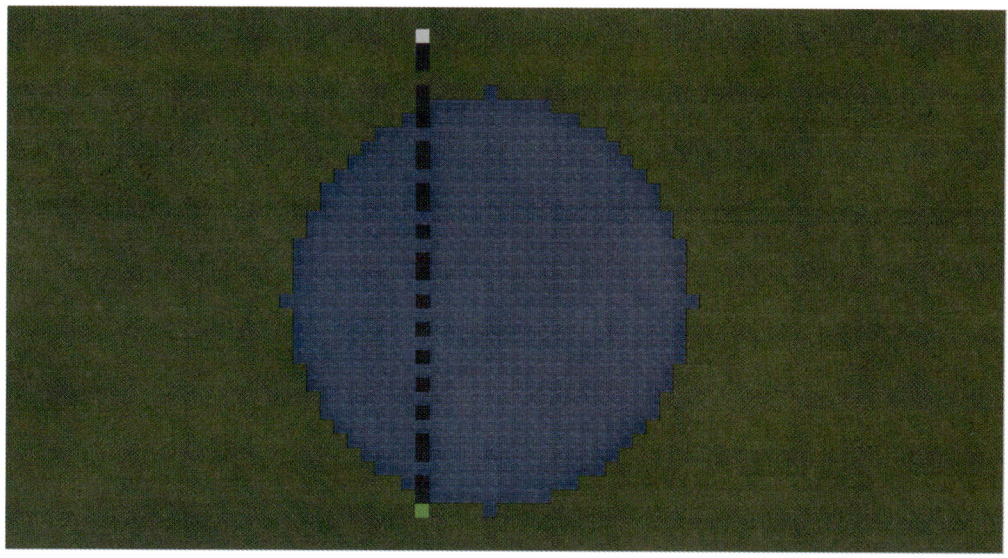

이 책에서 다룬 다양한 개념들을 자유롭게 활용하여 여러분이 직접 작품 또는 게임을 만들어보세요. 그리고 가족, 친구들, 선생님에게 공유하고 함께 즐기는 시간을 가져보세요.

메이크코드로 만드는
마인크래프트 테마파크
💎 월드편·기초편·활용편 💎

1판 1쇄 발행 2025년 10월 24일

저　　자 | 에이럭스 교육연구소, 오수진
발 행 인 | 김길수
발 행 처 | ㈜영진닷컴
주　　소 | (우)08152 서울시 금천구 디지털로9길 32
　　　　　　갑을그레이트밸리 B동 1001호
등　　록 | 2007. 4. 27. 제16-4189호

©2025. ㈜영진닷컴

ISBN | 978-89-314-8102-0

이 책에 실린 내용의 무단 전재 및 무단 복제를 금합니다.

YoungJin.com Y.
영진닷컴